KB245487

오성스포츠 시리즈 25

야구,
재미있게 보는 법

"룰을 알면 게임이 보인다"

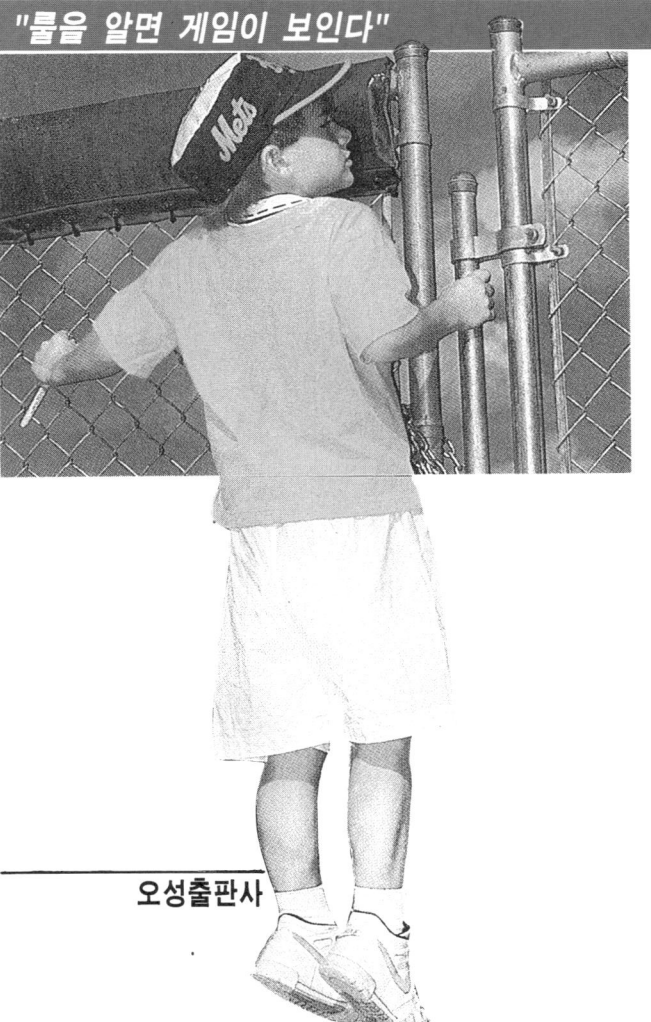

오성출판사

프로야구의 역사와 발전

조직적인 야구의 씨가 미국에 처음 뿌려진 것은 1846년 6월 19일 뉴저지주 호보켄에 있는 "엘리지안" 구장이었다. 지금까지 보지 못했던 새로운 경기가 두팀 사이에 벌어진 것이다. "알렉산더 카트라이트"란 아마츄어 스포츠맨이 스스로 규칙을 만들고 또 이 첫 경기의 주심을 맡아 보았다. "카트라이트" 이전에도 야구와 비슷한 경기는 많았다. 고대 이집트의 벽화에도 비슷한 그림이 있었다. 그러나 영국의 "라운더즈"란 경기를 근대야구로 정착시킨 것은 "카트라이트"였다. 이후 23년간 아마츄어 경기로 대를 이어오던 야구는 1869년 "해리 라이트"란 사람이 1200달러를 들여 "신시내티 레드스타킹스"란 팀을 창설하면서 프로화의 길로 접어 들었다.

창단 첫해에 "레드스타킹스"는 56승 1무승부라는 경이적인 성적을 올렸다. 당시 구단주이던 "아론 참피온"은 "미국의 대통령이 되는 것보다 레드스타킹스의 회장인 것이 더욱 자랑스럽다."고 했다.

1871년 3월 17일 성패트릭축제일 때 뉴욕 브로드웨이 13번가에 있는 "콜리에 카페"에서 10명의 구단주가 모여 프로야구 협회를 결성했고 초대회장에 "필라델피아 어틀렌틱"의 "제임스 컨즈"가 선출되었다.

미국 프로야구의 기틀이 마련된 것은 1876년 내셔널리그가 결성되고, 1900년에 아메리칸리그가 결성된 시점부터이다. 한국의 프로야구는 미국보다 81년 늦게 탄생된 것이다.

참고로 일본은 1873년 야구가 소개되었고, 프로야구는 1934년에 현 요미우리 자이언츠의 전신인 대일본동경구락부가 처음이다.

한국의 프로야구는 두번이나 세계 정상을 차지한 아마츄어야구의 성숙을 밑거름으로 하여 그 바탕위에 역사적인 출범을 하게 되었다. 우리나라에 야구가 처음 들어온 것은 1905년 일본이 을사보호조약을 강요했던 해였다.

당시 미국인 선교사 질레트씨(Gillet － 吉禮泰)가 황성기독교청
년단에게 야구를 가르켜준 것이 시초다. 이때의 야구는 기초적인 것
으로 "他球"라고 불렀다.

우리나라에서 벌어진 최초의 야구경기는 1906년 2월 11일 황성기
독청년단과 독일어 학교팀이 마동산에서 벌어진 것이 최초다. 초기
야구 발전의 큰 전환점은 이해 7월 21일 대한 광학회 운동부가 주선
해 보낸 일본 동경 유학생 25명이 여름방학을 이용 방문하여 재경
선교사와 中央基靑會 연합팀과 대전하여 유학생팀이 19대 9로 대승
을 거두었다.

이 경기에서 동경 유학생팀은 정규 유니폼에 스파이크를 신고 경
기를 벌여 많은 구경꾼이 몰려 대성황을 이루었다.

이들 유학생팀은 7월 24일 서울을 출발 평양, 개성, 선천, 안악, 철
산 등을 돌며 야구지도를 펴 우리나라 야구계에 신기원을 이룩했다.

우리나라 체육사에 프로팀이 처음 방문한 종목이 야구이고 그것
은 1922년에 미국 메이저리그의 프로야구단이다. 미국 프로야구팀
이 한국을 찾게 된 경위는 기록에 남을만하다. 일본에 미국팀이 10
월 30일 왔다는 소식이 전해졌고, 이들은 12월 4일 배를 타고 중국 상
해로 가게 돼 있었다. 이 소식을 들은 당시 체육회 이사 이원용씨는
고원훈 당시 체육회장의 양해를 얻어 체육회 돈 2백원을 얻어 초청
교섭을 위해 일본으로 건너갔다. 초청 교섭을 끝낸 이원용씨는 체육
회에 이를 건의했으나 프로팀을 체육회에서 초청할 수 없다고 하자
이씨는 이사직을 사직하고 개인자격으로 미국팀을 초청하여 경기를
강행하여 이루어지게 된 것이다. 이 미국팀은 용산 철도 구장에서 전
조선군과 친선경기를 벌여 21대 3으로 대승을 거두었다.

이후 32년 10월에는 로얄 자이언트팀이 한국을 찾았고, 58년에는
센트루이스 카디날즈팀이 경기를 가졌다. 이 경기는 당시 이승만 대
통령의 시구로 서울 운동장에서 벌어졌으며, 카디날즈팀이 3대 0으
로 승리하였다. 또 62년 10월에는 디트로이드 타이거즈팀이 전 서울

군 대표와 경기를 가져 8 : 0으로 완승을 거두었다.

일본 프로야구팀도 62년 한국을 방문하여 친선경기를 가졌다. 특히 이들 팀에는 한국인 선수 백인천과 장훈 선수도 있어 많은 갈채를 받았다. 70년에는 롯데 오리온즈가 방문하여 경기를 가졌는데, 당시 롯데팀의 감독은 한국계인 김정일 감독이어서 많은 관심을 보였다. 미국 프로팀과 일본 프로팀의 방문으로 우리나라 야구 발전은 큰 성과를 보게 되었고, 프로야구 출범의 밑거름이 되었다. 70년대 이후 고교야구의 선풍적인 인기와 열기가 한국 프로야구 태동에 박차를 가하게 한 것도 빼놓을 수 없다.

한국 프로야구의 첫 태동은 75년 11월 미국 샌프란시스코의 재미 실업가 홍란희씨가 국민의 여가 선용을 위해 프로야구가 절대 필요하다는 뜻을 갖고, 야구인들의 의견을 타진하면서부터이다. 홍씨는 많은 야구인들과 접촉을 가져 좋은 반응을 얻게 되자 프로야구 출범을 추진하기로 하고 추진경비 20만 달러를 마련하고 76년 가칭 "한국 프로야구 준비위원회"를 만들어 8명의 준비위원과 함께 회장에 취임하였다.

한국 프로야구 준비위원회가 마련한 청사진은 76년부터 80년까지의 5년안에 프로야구를 정착시킨다는 것이었다. 첫해인 76년에는 프로의 정지 작업을 위해 10개팀인 실업팀을 각 시·도로 배분하여 동해와 서해의 2리그로 나누어 팀당 홈 앤드 어웨이 방식으로 130게임을 벌이고 양 리그의 우승팀이 한국시리즈로 패권을 가린다는것이다.

80년에는 한국, 미국, 일본, 멕시코 등이 참여하는 동북아시아 리그까지 편성하는 것이 주요 계획이었다. 그러나, 한국 프로야구 탄생의 첫 움직임은 1개월만에 물거품으로 끝나고 말았다. 이같은 계획이 백지화된 것은 정부의 정책적인 차원에서의 뒷받침이 부족한 것도 있지만, 당시 대한야구협회가 시기상조라고 강력하게 반대한 것이 제일 큰 이유로 손꼽히고 있다. 당시 대한야구협회 김종락 회장은 개인으로는 찬성을 했지만 이사진들의 적극적인 반대로 결국 무산되고 말았다. 비록 한순간에 끝나버린 한국프로야구 출범의 위대한 청사진이지만 한국 프로야구의 최초의 움직임이라는 데서 한국 프로야구사에 큰 의미를 갖고 있으며 이것이 한국 프로야구의 첫 태동이었다고 할 수 있다.

1982년을 기점으로 한국땅에 상륙한 프로야구는 창설 첫해부터 뿌리를 깊이 내리고, 도약을 위한 발판을 마련하였다. 88올림픽과 86아시안 게임 유치 등 스포츠외교의 개가로 인해 스포츠에 대한 국민들의 의식이 긍정적이고 적극적으로 변해가는 분위기 속에서 탄생한 프로야구는 대중을 스포츠 세계로 보다 가까이 끌어들이는 상승효과를 나타냈다.

1960년부터 불어닥친 고교야구의 열풍으로 한국 야구 수준은 급상승했다. 그러나 기존 실업 야구는 치솟는 야구열을 경기력 향상과 전반적인 야구 발전으로 몰고 가기에는 그릇이 너무 작았다. 한국 야구계가 돌파구를 찾기 위해서는 보다 폭넓고 깊은 형태의 프로야구가 도입돼야 한다는 것이 야구인들의 공통적인 의견이었다.

프로야구 창설의 청사진을 만들고 기초작업을 한 인물은 이용일 (전 한국야구위원회 사무총장) 씨와 이호헌(전 MBC 해설위원) 씨다. 당시 이용일씨는 통합 대한야구협회 전무이사직을 맡고 있었으며 이호헌씨는 운영부장을 맡고 있었다. 80년 10월 이후 야구행정 일선에서 물러난 두 사람은 야구사업을 기안하거나, 추진하는 데 비상한 수완을 가지고 있었다.

81년 5월 MBC는 창사 20주년을 기념으로 프로야구팀을 창설할 것을 구상, 이호헌씨에게 구체적인 창설 계획을 마련해 줄 것을 부탁했다. 같은 무렵 정부측에서도 주요 스포츠의 프로화를 꾀하면서 이호헌씨와 접촉했고 6월초 MBC의 프로야구안이 정부에 보고되자 이 움직임은 한층 활기를 띠어갔다.

2개월 뒤인 8월초 서울상대 동창인 이용일씨가 참여하면서 급진

전을 보게 되었다.

이용일씨는 나름대로 분석한 한국야구의 실정과 성향에 맞춰 20일 만에 "한국프로야구 창립 계획서"라는 18면짜리 청사진을 완성시 켰다. 이 계획서는 야구가 국내 최고의 인기 종목으로 성장할 수 있 었던 원동력을 모교애 30% 향토애가 70%라고 보고 프로야구 흥행 에 성공하기 위해서는 향토애를 적극 이용해야 한다고 판단했다.

이용일씨는 5백명의 실업, 대학, 선수 명단을 놓고 출신교별로 분 석, 서울 · 경기 · 강원을 한팀으로 충남, 호남, 대구, 경북, 부산, 경 남 등으로 4개팀을 만들면 각 지역별 전력균형이 이루어진다는 결론 을 얻어냈다.

그러나 프로야구는 흥행의 측면을 무시할 수 없기 때문에 충남, 북 그리고 전남, 북으로 분리하여 6개 그룹으로 나누었다. 선수 대우 는 김봉연을 모델로 세웠다. 국가 대표급의 김이 실업팀 한국화장품 에서 받은 돈은 4백 80만원 프로선수는 정년까지 직장보장이 되지 않으므로 10년벌 것을 프로에서 1년 안에 벌 수 있도록 한다는 의미 에서 특급의 경우 계약금 2천만원 연봉 2천 4백만원으로 계산했다. 이를 기준으로 특급－A－F급까지 등급을 두어 보수에 차이를 두었 다.

81년 10월 5일 프로야구 창립 계획이 관계기관의 심의를 거쳐 최 종 확정된 후 12월 11일 창립총회가 이루어지기까지 만 2개월동안 각 기업체를 끌어들이기 위해 동분서주하였다. 기업체 유치 작전은 애당초 쉬운 일이 아니었다.

프로야구 첫시즌을 치루고 난 후에야 6개 프로 구단들은 당시 50 억원을 준대도 팔지 않겠다고 자랑스러워했지만 그당시 계획대로 된다고 해도 몇년간은 수억대의 적자가 뻔했으니 순순히 응할 기업 이 없는 것은 당연한 일이었다. 서울지역은 이미 MBC가 참여 한 것이나 다름이 없었고, 실업 야구팀을 갖고 있었던 롯데도 신회 장이 프로전향을 환영하고 나섰다. 삼성도 이건희 그룹 부회장으로부터 대구를 연고지로 하는 프로팀의 창단에 쾌히 승낙을 얻어냈다. 불과 열흘 사이에 3개팀의 선정이 일사천리로 이루어졌다.

삼양사를 상대로 한 호남지역팀의 물색은 김사장으로부터 거절되고 제2안대로 금호그룹을 상대로 박삼구 사장과 접촉을 하였다. 금호가 가세를 함에 따라 이제 남은 지역은 인천과 대전 지역을 맡을 기업을 찾는 일뿐, 순조롭던 작업은 여기서 진통을 겪기 시작한다. 현대는 프로야구에 관심이 없었다.

정주영 회장이 9월 서독 바덴바덴에서 88올림픽을 유치한 후여서 시기적으로 프로야구에 신경쓸 시간이 없었고 현대건설 이명박 회장은 수영연맹을 맡고 있어 프로야구팀을 거절하였다.

대전을 연고지로 할 동아건설마저 무산되어 이용일씨는 한국화약과 접촉을 가지려 했으나 두산그룹이 창단을 자청하고 나섰다. 두산은 서울 지역의 제2후보였으나 MBC에 밀려 본거지 확보가 어려운 실정이었다.

대전권은 두산이 맡도록 결정되었으나, 인천지역은 현대가 물러서자 한국화장품으로 방향을 전환하지 않을 수 없었다. 당시 아마츄어 야구협회장을 맡고 있던 임광연 회장은 서울에 구단을 두고 기존 멤버를 그대로 유지하지 않으면 프로화에 참여하지 않겠다는 뜻을 밝혀 합의점을 찾지 못했다.

따라서 이용일씨는 대한항공을 타진해 보았지만 대한항공은 80, 81년에 걸쳐 적자폭이 너무 커서 거절하게 되었다. 인천은 현대, 한국화장품, 대한항공 등 3개 업체가 연달아 물러나면서 가장 고민스러운 지역이 되어 버렸다. 은밀이 진행되어가던 프로화 작업은 10월 28일 동아일보에 보도됨으로서 세상에 공개되어 버렸다. 매스컴의 보도는 프로화의 작업을 1개월 이상 지연시키는 결과를 가져왔다.

호남지역을 맡을 기업이 금호라는 보도가 나왔으나 이때는 박삼구씨가 박인천씨에게 프로야구에 관한 내용을 보도하기 전이었다.

80이 넘은 고령의 박인천씨는 자신이 알지 못하는 대사업이 밑에서 이루어지고 있었다는 사실에 진노했다. 더구나 금호의 재무 구조가 튼튼하지 못해 프로구단을 운영할 능력이 없다는 모일간지의 보도가 금호를 자극하여 성사단계에 있었던 금호가 창단을 포기하는 사태가 벌어졌다.

설상가상으로 인천이 비어있다는 사실을 안 두산은 인천으로 본거지를 바꿀 것을 주장하고 나섰다.

그러나 프로화의 도도한 물결에는 자발적인 동참자가 없을 수 없었다. 전년 야구협회 김종대회장과 김동엽씨가 해태제과 박건배 사장에게 프로야구의 필요성과 판매촉진에 미치는 영향을 납득시켰다.

박사장은 김동엽씨에게 감독을 맡긴다는 조건으로 구단 창단을 수락했다. 이렇게 하여 11월 30일쯤 다시 5개 구단의 연고지 배정은 대강 매듭을 지었다. 남은 인천만이 숙제. 이에 인천을 제외한 5개팀만으로 프로야구를 출범시키자는 안도 나왔으나 그럴 경우 삼성이 창단을 포기하겠다는 미온적인 태도를 보이기 시작했다.

프로화 과정은 격랑속에 11월 17일로 예정된 대표자회의도 무산되고 말았다. 관계자들은 대책없이 시간만 보내다 일단 11월 25일에 신라호텔에서 정식 모임을 갖기로 했다. 그러나 정작 회의장에는 또 하나의 반가운 동참자가 끼어 들었다. 바로 삼미그룹의 김현철 회장이다. 경기중을 졸업, 미국에서 수업한 김회장은 야구에 깊은 애정을 가지고 있었고 인천지역 때문에 프로야구 창설에 난항을 겪고 있다는 보도를 보고 기꺼이 인천을 떠맡고 나섰던 것이다.

81년 12월 11일 하오 2시, 롯데호텔 에머랄드룸에서 역사적인 프로야구 창립 총회가 열렸다.

이날 프로야구의 골격을 이루는 정관을 통과시키고 한국반공연맹 서종철 이사장을 초대 커미셔너로 추대하였다.

차례

야구, 재미있게 보는 법

PART

야구경기 실예편

제 1 장

야구의 기본지식

1. 야구경기장의 라인룰

구획선은 그림과 같이 그어져 있다. 긋는 순서는 먼저 홈의 위치를 정해놓고 다음에 2루를 측정하여 정한다.

그리고나서 홈과 2루를 기점으로 하여 1·3루를 설치한다.

홈의 중심은 1루선과 3루선의 교차점이 된다.

90피트(27.43 m)의 내야의 베이스 라인, 본루는 동일수평 면상에 있을것, 투수의 마운드는 본루보다 10인치(25.4 cm)의 높이로 한다.

외야에 관해서는 본루로부터 펜스, 스타트 등 플레이의 방해가 되는 시설까지 250피트(76.199 m)이상을 필요로 한다. 좌·우익은 320피트(97.534 m)이상, 센터는 400피트(121.918 m)이상인 것이 이상적이다.

우리나라에서는 1991년 이후 현재의 경기장을 개조할 때는 홈으로부터 양쪽 끝 펜스의 거리를 91 m, 중앙 펜스까지의 거리는 105 m 이하로는 할 수 없다.

또 홈에서 2루의 방향은 동북동으로 되어 있음이 이상적이다.

잔디의 라인과 넓이에 관해서는 규격이 꼭 정해 있는 것이 아니고 임의로 잔디와 지면의 넓이나 모양을 정해도 좋게끔 되어 있다.

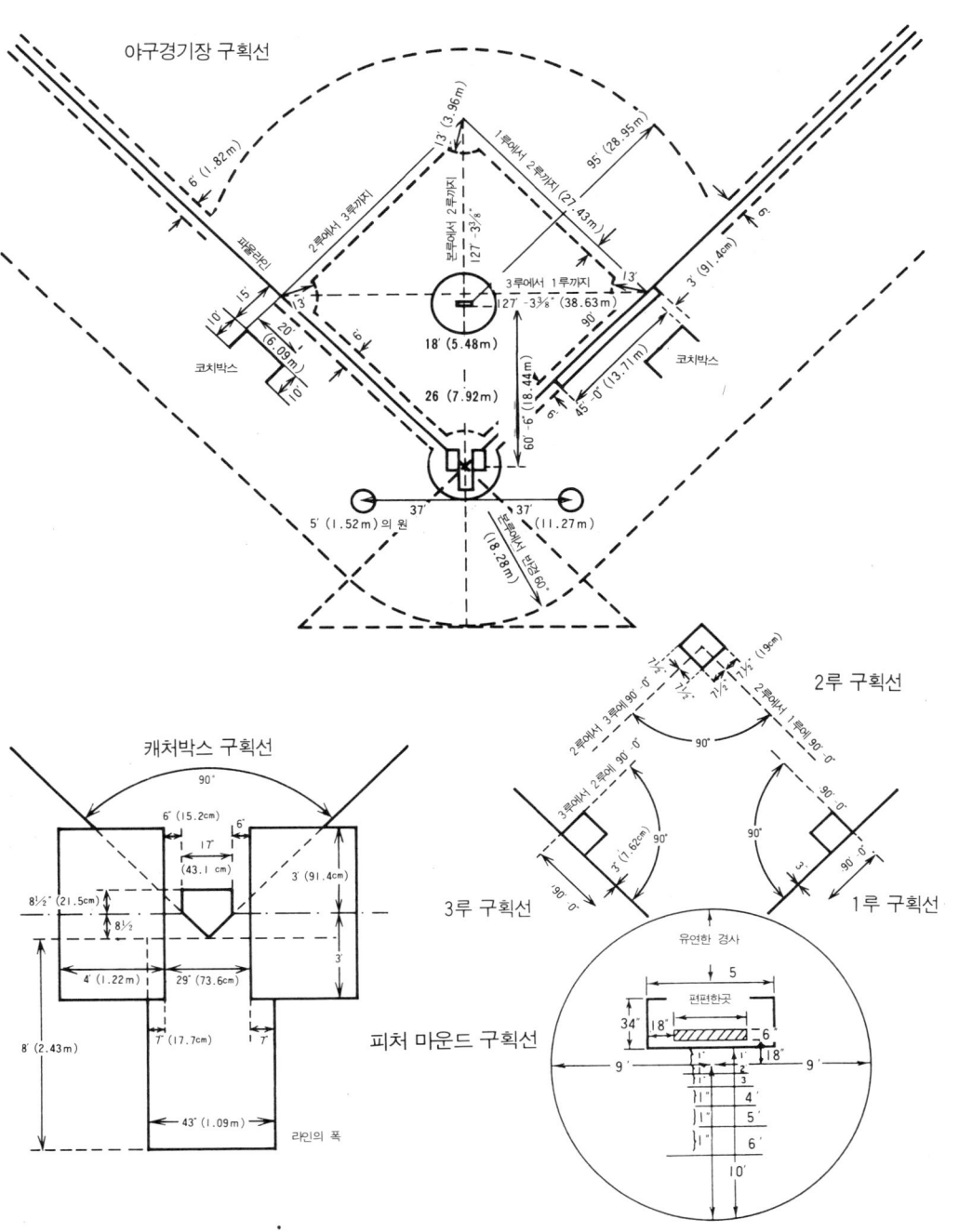

야구경기장 구획선

코치박스

코치박스

캐처박스 구획선

3루 구획선

2루 구획선

1루 구획선

피처 마운드 구획선

유연한 경사

편편한곳

라인의 폭

2. 용구(用具)에는 어떤 룰이 있는가

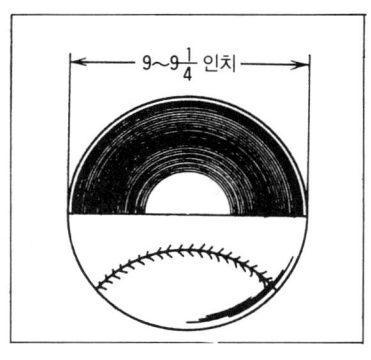 

■ 볼

콜크 또는 고무의 심(芯)의 둘레를 실로 감고 백색의 마피(馬皮) 또는 우피(牛皮)(일본에서는 우피를 사용)를 두편으로 싸서 봉합한 것. 무게 141.8g～148.8g, 주위 22.9㎝～23.5㎝.

투수는 맨손으로 볼의 표면을 마구 만져대도 좋지만 이물(異物) (침·흙) 등을 묻히거나 야스리로 반질반질하게 길들여서는 안 된 다.

■ 배트

규격은 그림과 같다.

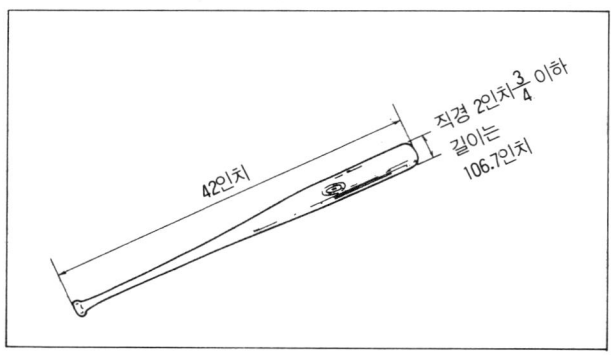

배트는 한개의 나무 또는 두개 이상의 긴 목편을 접합하여 만든다.

단 접합하여 만들 때 목편을 접착제만으로 붙이고 나무결도 같은 방향으로 한개의 나무처럼 보여야 된다. 프로에서의 접합배트는 규칙위원회의 승인이 필요하다.

기타 배트의 반발력(反發力)이나 성능을 바꾸게 하는 가공은 금지되어 있다.

알루미늄 배트는 사회인 야구, 고교야구와 연식야구만이 공인되어 있는 것을 사용할 수 있다.

프로야구에서는 다갈색의 유색 방망이를 1982년부터 사용해 왔다.

■ 유니폼

동일팀의 각 플레이어는 동색 동형 또한 같은 디자인의 유니폼을 착용해야만 한다.

　유니폼에는 야구볼 모양의 무늬나 볼을 연상시키는 모양을 해서는 안된다.
　유리단추나 금속단추 등을 유니폼에 다는 것도 금지되어 있다.

■ 글러브

　투수의 글러브는 전체가 같은색이라야 되며(백색·회색이 아닌 것) 유별나게 다른색을 글러브에 지니게 해서는 안된다.

　　1루수의 글러브의 망부분을 크게 해서 포구하기 쉽게 만들어서는 안된다.

　　글러브 무게는 제한은 없으나 규격은 규제가 있다. 심판이 공인 (公認)한 글러브이면 문제는 없다.

■ 헬맷

　　타격 중에는 꼭 헬맷을 착용해야만 된다.

　　포수도 보호용 헬맷을 착용해야 한다.

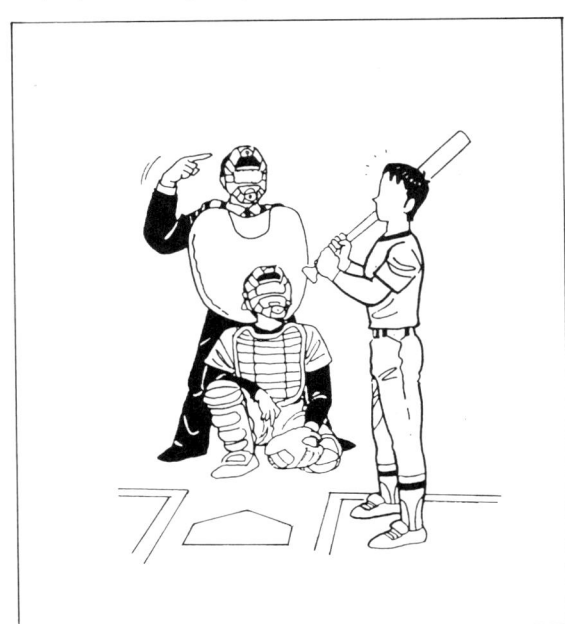

　　※ 아마추어는 주자로 나갔을 때도 헬맷을 쓰도록 규정되어 있다.

■ 룰 위반(違反)

　　페널티 : 심판원은 이것들의 용구, 유니폼 등에 관하여 위반을
　　　　　　　발견하면 이것을 시정(是正)하도록 명령하고 적절한
　　　　　　　시간이 경과되도 시정이 안되는 경우에 위반자를 시
　　　　　　　합에서 퇴장시킬 수 있다.

3. 페어볼과 파울볼 룰

■ 페어볼

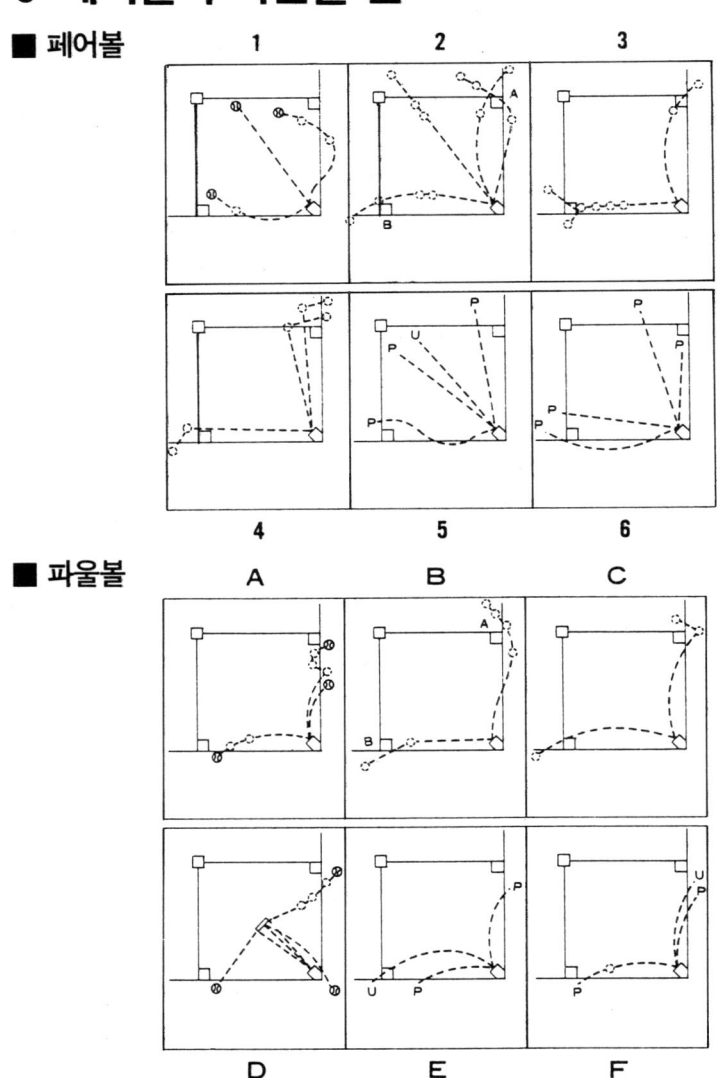

■ 파울볼

◎ 페어의 정지   ◯ 페어볼이 지면에 닿은 위치   U 심판원   P 플레이어

1. 한번 페어지역을 벗어나도 다시 내야에 멈추면 페어볼.
2. 바운드되어 내야로부터 외야로 가는 경우. 1루선, 3루선의 베이스 옆을 기점으로 하여 이 지점을 통과할 때는 페어지역이면 페어지역을 벗어나도 페어볼.
3. 한번 루에 닿으면 어느쪽에 볼이 굴러도 페어.
4. 첫번째의 낙하지점(落下)이 1·2루간, 2·3루간의 선위(線) 또는 그보다 뒤쪽 외야의 페어지역이면 그후 파울지역으로 볼이 가도 페어볼이다.
5. 페어지역 내 또는 그 공간에서 심판원 또는 플레이어에 볼이 맞으면 페어.
6. 볼이 최초 야수에 닿은 위치가 페어지역내 공간이면 야수의 다리나 몸체가 파울지역에 있어도 페어.
   A. 타구가 최초에 내야의 페어지역에 닿아도 본루～1루간, 본루～3루간에서 멈추면 파울.
   B. 바운드되어 내야에서 외야를 넘어갈 경우 1루선, 3루선의 베이스 옆을 통과할 때 파울지역내나 그 공간에 있으면 파울.
   C. 최초의 낙하지점이 외야의 파울지역내에 있으면 그후 페어지역에 굴러가도 파울.
   D. 볼이 야수에 닿기전에 투수판에 맞고 포수의 머리위를 넘어갔거나 1루～본루간, 3루간의 파울지역에 나간 것은 파울.
   E. 볼이 최초 야수에 닿은 위치가 파울지역내 공간이면 야수의 다리나 몸의 위치에 관계없이 파울.
   F. 파울지역내 또는 그 공간에서 야수나 심판원에 부딪치면 파울.

4. 스트라이크와 볼 룰

■ 스트라이크 존

스트라이크 존은 타자 어깨 상부와 유니폼의 하의, 상부와의 중간점을 그은 수평의 라인을 상한으로 하고 무릎 상부의 라인을 하한으로 하는 본루상의 공간을 말한다.

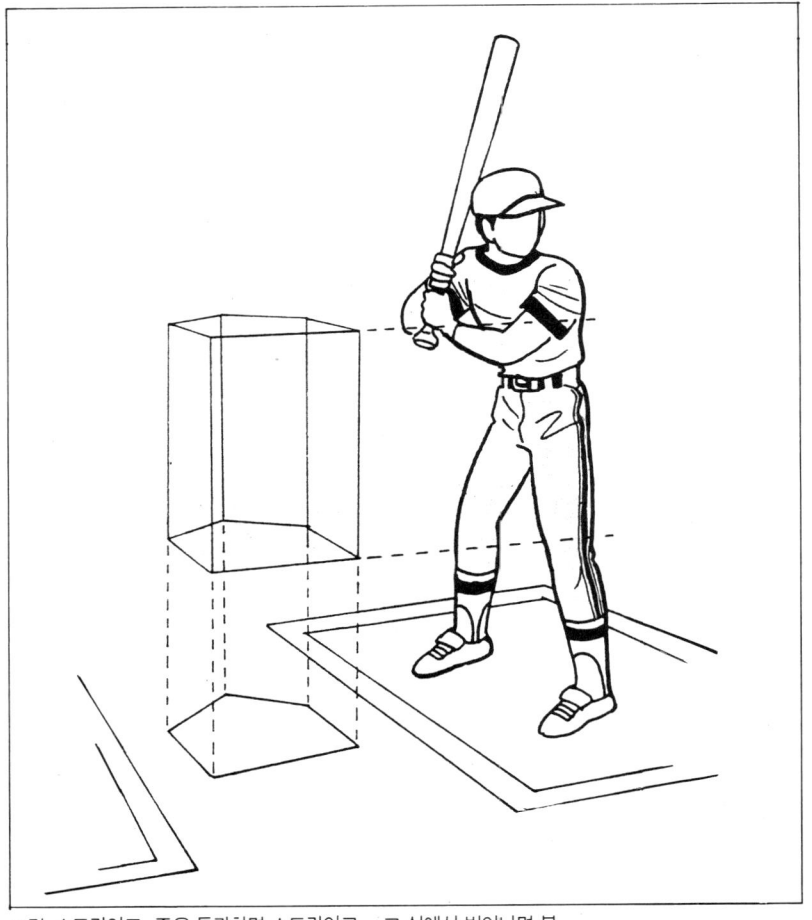

그림 스트라이크 존을 통과하면 스트라이크, 그 선에서 벗어나면 볼

한번 지면에 닿았고 바운드된 볼은 스트라이크 존을 통과해
도 볼 (단 타자가 치지 않았을 때)

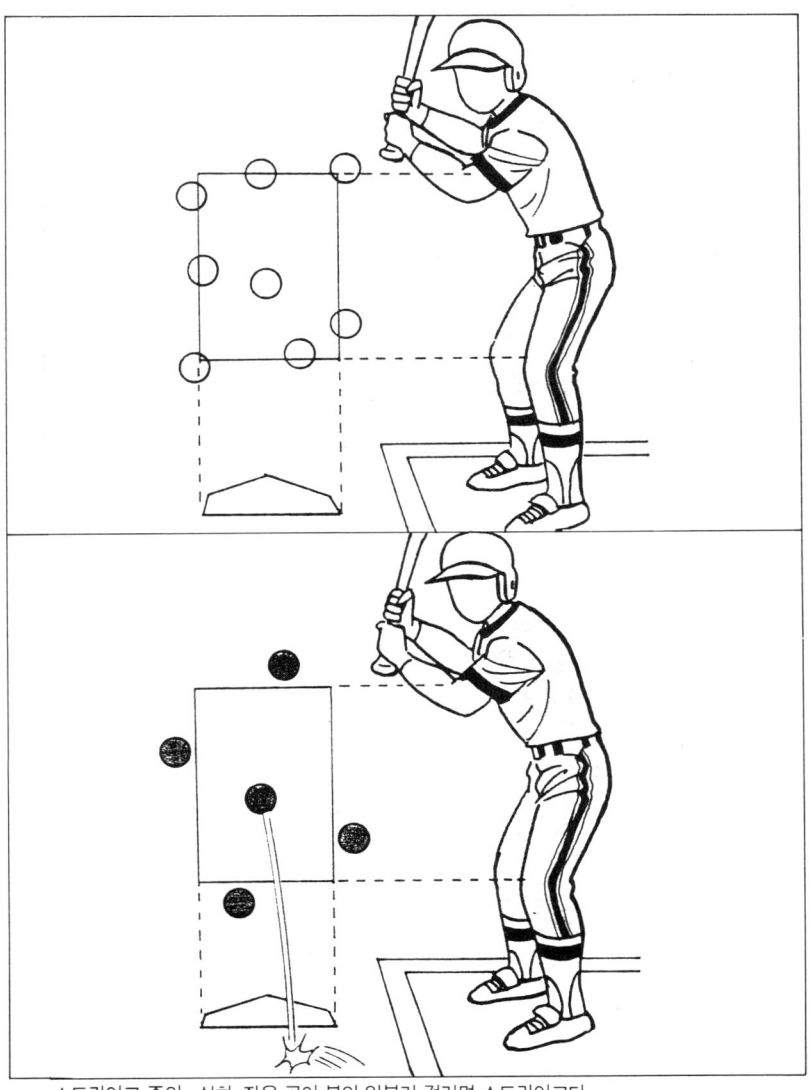

스트라이크 존의 상하, 좌우 공이 볼의 일부가 걸리면 스트라이크다.

스트라이크 존은 타자의 보통 타격자세에서 판정된다.

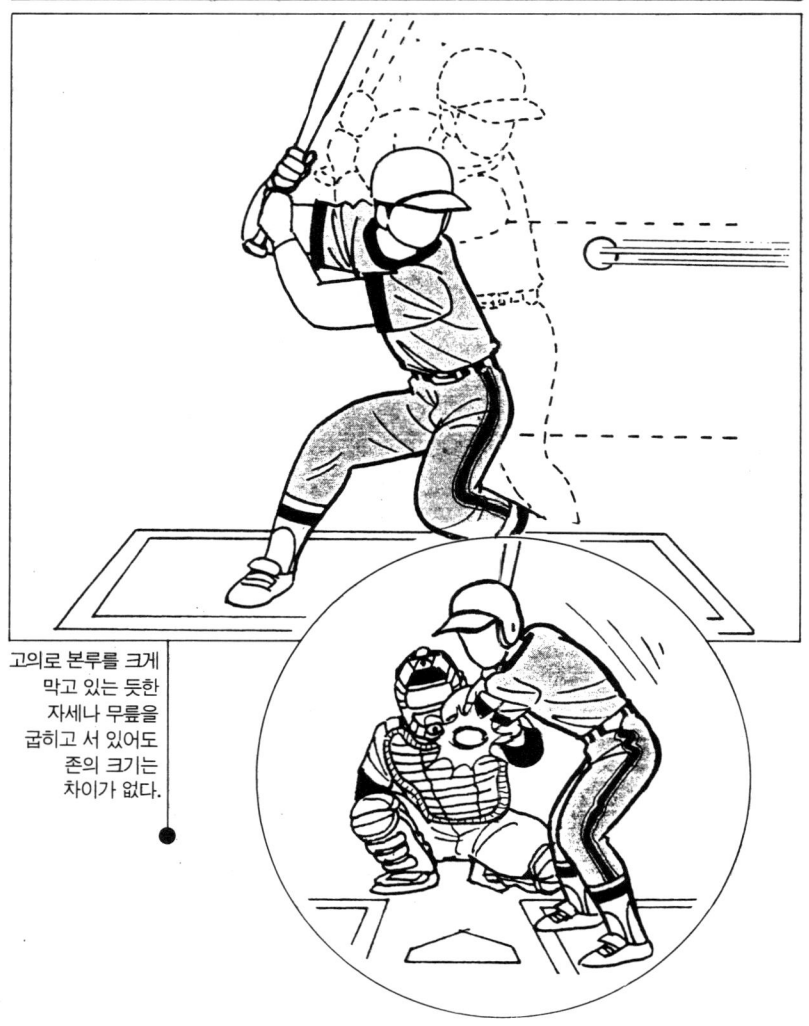

고의로 본루를 크게
막고 있는 듯한
자세나 무릎을
굽히고 서 있어도
존의 크기는
차이가 없다.

만약 몸에 맞아도 볼이 스트라이크 존을 통과하고 있다고 보면
스트라이크.

스트라이크와 볼에 관하여서는 제8장 야구의 용어 각 항목 참조.

제 2 장

투　수

1. 정규(正規) 투구

> **투구자세에는 와인드 업 포지션과 세트 포지션 두가지가 있고 어느쪽이든, 어느 경우에도 취할 수 있다.**

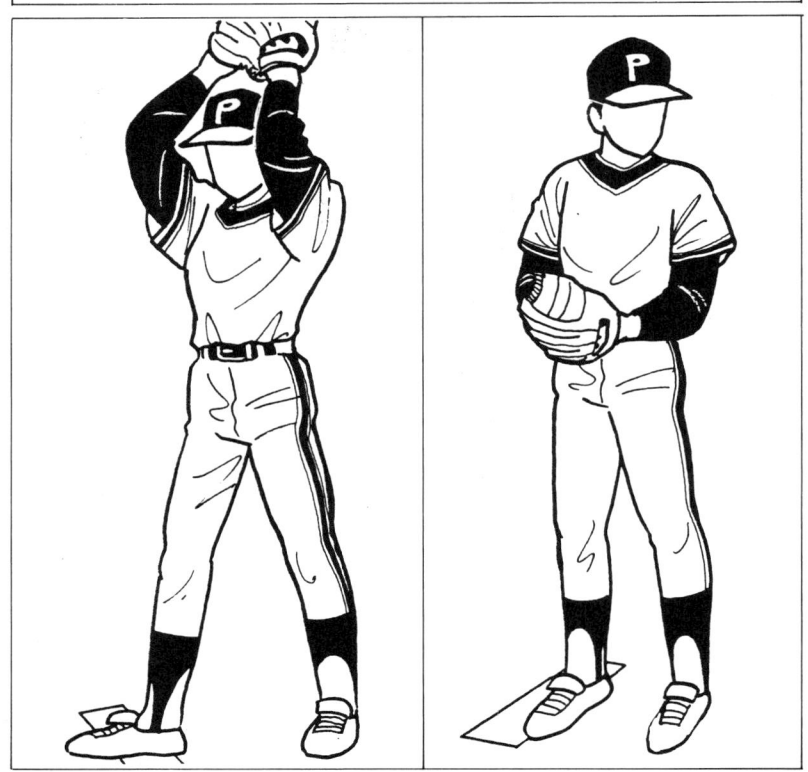

■ 와인드 업 포지션

투수가 타자를 향하고 서서 축족(軸足)은 투수판에서 떨어져서는 안되며 다른 발의 위치는 자유다.

이 자세로 투구모션을 취하게 되는 것이다.

일단 타자를 향해 투구 모션을 취하면 도중에서 그만 두던가 변경하려 하면 안되며 끝까지 투구를 완료해야 된다.

  축족(軸足)은 전부 투수판의 위에 놓던가, 앞 언저리에 붙이도록 해야 된다.

  축족이 아닌 쪽의 다리는 투수판의 뒤언저리나 그의 연장선부터 후방 어디에 놓아도 좋다.

  두발이 실제로 투구할 때 지면(地面)에서 다리를 떨구는 일이 있으면 안된다.

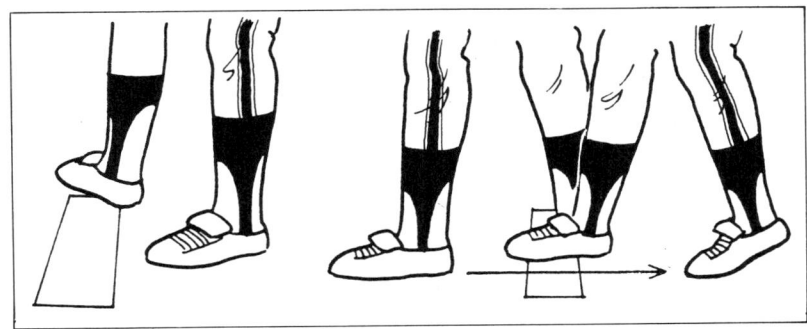

  축족을 투수판의 옆에 일부분이라도 내딛으면 안된다.

  실제로 투구할 때 축족이 아닌 다리를 한걸음 뒤로 내놓거나 한걸음 앞으로 내딛어도 좋다.

노-와인드 업의 자세

노-와인드 업의 자세를 취하고 나서

투수가 축족을 투수판 옆으로 빠져 나가지 않게 모두 투수판 위를 딛고 있던가 투수판의 앞 언저리에 붙이고 있던가, 또는 다른 다리를 투수판의 뒷쪽이나 그 연장선 후방에 놓고 양손을 모으면 와인드 업 포지션의 하나(노-와인드 업)를 취했다고 본다.

우투수(좌투수)가 3루(1루)의 주자를 아웃시키기 위하여 3루(1루)에 자유롭게 다리를 내놓고 송구하면 된다. 축족을 투수판의 뒤로 떨구면 3루(1루)에 송구해도 상관없다.

■ 세트 포지션

투수는 타자를 향해 서서 축족을 투수판에서 옆으로 빠져나오지 않도록 투수판 위에 딛고 있던가 투수판의 앞언저리에 붙여 떨어지지 않게 해야 하며 축족이 아닌 다리를 투수판의 앞에 놓고 볼을 양손으로 신체의 전방에 모아서 완전히 동작을 정지(靜止)시킨다.

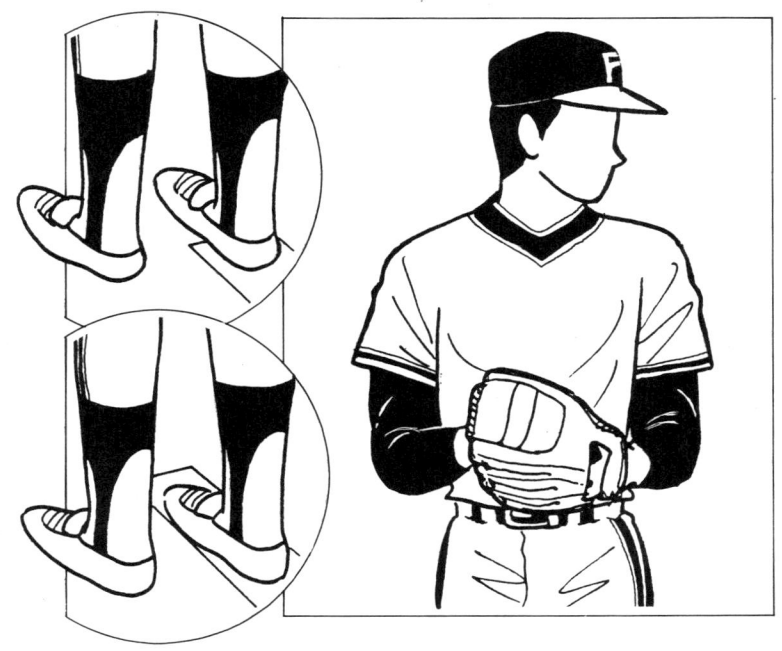

세트 포지션을 취하는 투수는 축족 전체를 투수판 위에 놓던가 투수판에 꼭 붙이고 있어야 된다.

투수는 세트 포지션을 취하기 앞서 양팔을 아래위로 올렸다 내렸다 해도 좋으나 투구하기 전에는 몸의 전면으로 볼을 양손으로 모아야 하며 일단 모으면 완전히 몸의 동작을 정지(靜止)시켜 목(首)이외 어느 부위도 움직여서는 안된다.

축족이 투수판의 옆으로 빠져나와서는 안된다.

볼의 '모음'은 몸체의 전면이면 어디고 상관이 없으나 일단 모으면 그 자리를 이동해서는 안된다.

세트 포지션에서는 타자에게 투구해도, 또 루에 송구해도 상관없다.

투수는 루에 주자가 있을 때 세트 포지션에서 플레이의 목적이
면 발을 자유로 투수판에서 떨어뜨려도 좋으나 꼭 투수판의 뒷쪽
에 떨어뜨려야 된다.

루에 송구할 경우 그 루의 방향에 똑바로 다리를 내어 놓아야
된다.

2. 투수가 해서는 안되는 일

1. 볼이나 투구하는 손, 글러브에 침을 바르는 일.
2. 볼에 이물질을 칠하는 일.
3. 볼을 글러브, 자기몸, 유니폼 등에 문지르는 일.
4. 어떤 방법이든 볼에 상처를 입히는 일.
5. 사인볼, 스피드볼, 머드볼, 에미리볼을 투구하는 일.

사 인 볼 → 볼을 문질러서 미끄러지게 하는 일

스피드볼 → 볼에 침을 바른 것

머 드 볼 → 볼에 진흙을 바른 것

에미리볼 → 볼의 표면을 꺼칠꺼칠하게 만든 것

• 페널티 → 투구에 대하여 보크가 선고된다 (아마추어는 경고뿐). 같은 투수가 같은 시합에서 이 위반을 계속하면 퇴장당하게 된다.

●페널티 → 20초마다 볼이 선고된다.

6. 어떤 이물질을 몸에 지닌다던가 갖고 있는 일.
   ●페널티 → 즉시 퇴장
7. 타자가 타석에 있는데 고의로 시간을 끌기 위하여 포수 이외의
   야수에 투구하는 일.
   ●페널티 → 심판이 경고한 후에도 듣지 않는 경우는 퇴장
8. 불필요하게 투구시간을 끄는 것, 주자가 없는 경우는 볼을 받
   아들고 20초 이내에 투구해야만 된다.
9. 타자를 노리고 투구하는 것(빈볼)

3. 보크

　루에 주자가 없을 때 규칙에 위반되는 투구를 행하면 볼이 선고되나 주자가 있을 경우는 보크가 선고된다.

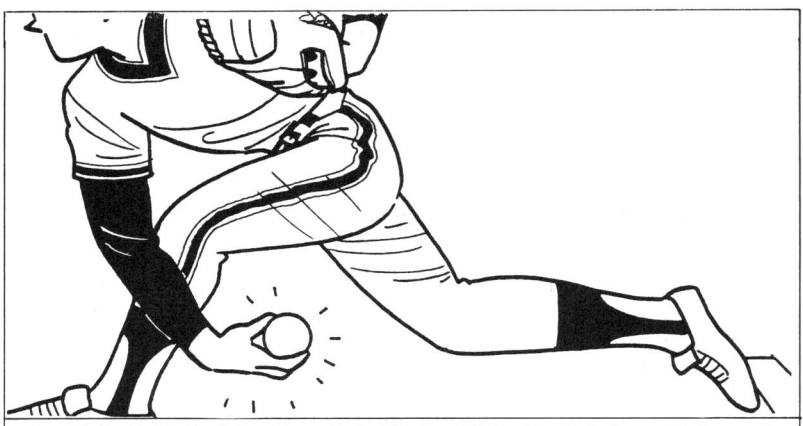

　1. 투수가 투수판을 건드리며 투구모션을 취하다가 도중에 그만 둔다.

　2. 투구를 하려다 변경하여 주자를 견제하기 위해 1루에 송구한다.

3. 투수판에 발을 붙이고 있던 투수가 1루에 송구하는 척 흉내만 내고 실제 송구를 하지 않았다.

4. 투수가 투수판위에 서 있으면서 루에 송구하기 전에 다리를
   직접 그 루의 방향으로 향하지 안했다.

5. 투수가 타자를 정면으로 향하지 않고 투구했다.

6. 투수가 볼을 가지고 있지 않으면서 투수판에 서 있거나 또는 왔다갔다 하면서 투수판에서 떨어져서 투구하는 흉내를 냈다.

7. 고의사구(敬遠)를 시도하였을 때 투수가 캐처박스 밖에 있
   는 포수에게 투구했을 때.

8. 투수판을 딛고 있는 투수가 고의건 우연히건 볼을 떨어
   뜨렸다.

9. 투수판을 딛고 있던 투수가 주자가 없는 루에 송구하거나 송
   구하는 척 흉내만 냈다. 단 플레이상 필요가 있다면 괜찮다.
10. 투수가 투수판을 딛지 않고 투구하는 등, 정식투구를 하지 않
    았다.

11. 투수가 투수판을 딛지 않고 있으면서 투구와 관련된 동작을 취했다.
12. 투수가 불필요하게 시합을 지연시킬 때.
13. 투수가 정식 투구자세를 취한 후 실제로 투구하던가 루에 송구하는 경우를 제외하고 볼로부터 한쪽손을 놓았다.
14. 투수가 세트 포지션에서 투구할 때 양손을 모은 다음 완전하게 정지(靜止)하지 않았다.

4. 보크에 대한 페널티 투구

**볼데드로 되어 각 주자는 아웃당할 염려없이 한 개의
루를 얻는다.**

투수가 보크를 행한 뒤 루 또는 홈에 악송구(惡送球)했을 경우는
루에 나가있는 주자는 보크에 따라 얻는 루(1루) 보다도 다음 루를
향해 재차 진루를 시도할 수 있다.

또 보크인데도 타자가 안타, 실책, 사구(四球·BASE ON
BALLS)등으로 모든 주자가 적어도 한명씩 진루해 있을 때 플레이
는 보크와는 관계없이 계속된다.

제 3 장

타 자

1. 타자로서 반드시 지켜야 되는 일

1. 타순이 오면 재빨리 배터박스에 들어가서 타격자세를 취해야 한다.

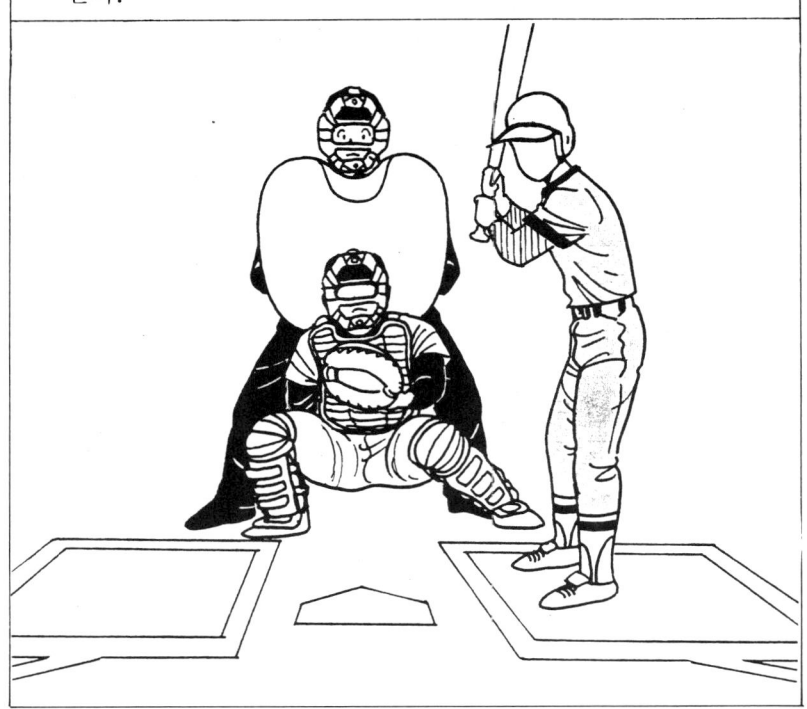

  만일 타자가 배터박스에 들어가려 안한다던가 들어가도 타격자세를 취하지 않았을 경우 주심은 투수에게 투구를 지시, 그의 투구를 모두 스트라이크로 선고한다.

2. 꼭 헬멧을 쓴다.
3. 타순을 지킨다.
4. 정식 타격자세를 취하기 위해서는 타자는 배터박스 안에 두다리를 들여놓아야 된다.

2. 타자가 해서는 안되는 일

1. 투수가 세트 포지션에 있을 때 와인드 업을 시작하면 타자는
   배터박스에서 나가던가 타격자세를 그만두면 안된다.

● 페널티 → 투구코스에 따라 볼이나 스트라이크가 선고된다.

2. 규정(規定)에 어긋난 배트, 금지되어 있는 배트를 사용해서는 안된다. (제1장 배트의 항 참조)

● 페널티 → 반칙행위로 타자는 아웃, 시합에서 제외된다.

3. 배터박스 밖에 다리를 내놓고 타격을 하면 안된다.

● 페널티 → 페어, 파울볼에 관계없이 아웃. 단 플라이(공중볼)의 경우는 스트라이크가 선고된다.

4. 투수가 투수판을 딛고 포수로부터 사인을 받아 투구준비에 들어가 있는데 타자가 서 있던 배터박스로부터 다른쪽의 배터박스로 옮겨가면 안된다.

● 페널티 → 타자 아웃

5. 어떤 동작으로도 포수의 수비, 또는 송구를 방해해서는 안된다.

● 페널티 → 타자아웃

단, 수비측이 방해를 받고 있으면서 진루하고자 하는 주자를 아웃시켰을 경우, 또는 득점하려던 주자를 아웃시킨 경우에는 타자는 아웃되지 않는다. 그러나 아웃시킬 기회가 있었는데도 야수의 실책으로 아웃을 시키지 못했을 때는 타자 아웃.

포수의 송구로 루 사이에서 주자가 협살(RUN DOWN)을 당할 경우 수비측의 실수로 아웃이 되지 않았을 때는 예외로 방해에 관계없이 플레이는 계속되고 타자도 아웃이 되지 않는다. 스퀴즈 플레이 때 타자가 배터박스 밖에서 나와 번트를 시도했을 경우 무사(無死) 1사(一死)의 경우는 3루주자, 2사의 경우는 타자가 아웃된다.

3. 타순이 틀렸을 경우

공격측이 타순을 잘못 짠 경우 수비측의 어필이 없으면 그대로 공격을 계속해도 괜찮다.

타순표(배팅오더)에 의해서 배터박스에 들어와야 될 타자가 아닌 다른 타자가 들어섰을 때 공격 도중 상대방으로부터 어필이 있으면 그대로의 카운트로 타순표에 있는 타자와 교대한다. 타순이 틀려진 상황에서 공격을 끝마쳤을 때(주자가 되건, 아웃이 되건) 그 후 상대방이 다음 투수의 투구전에 어필을 하면 타순표에 있던 타자가 아웃이 된다.

이런 경우, 부정 타자의 타격의 결과(안타, 실책, 사사구(四死球 · HIT BY PITCH BALL) 등으로 출루한)에 의한 모든 진루 또는 득점은 무효로 된다. 부정 타자가 타격을 마친 후 투수가 투구할 때까지 어필이 없으면 부정타자는 정식타자로 인정되고 시합은 그대로 계속된다.

4. 타자가 아웃되는 경우

1. 타자가 친 볼이 그라운드에 떨어지기 전에 야수에 의하여 잡
   혔을 때.

2. 타자가 친 파울 공중볼이(파울팁은 제외) 그라운드에 떨어지
   기 이전에 야수에 의하여 잡혔을 때.

3. 3 스트라이크라고 선고된 투구를 포수가 정확히 잡았을 때. 유니폼이나 용구에 닿았을 때는 잡은 것이 아니다.

4. 2스트라이크 후의 투구를 번트했을 때 파울볼일 경우

5. 무사 또는 1사 주자 1루가 되었을 때 제3스트라이크로 선언
   된 볼을 포수가 떨어뜨렸을 때, 또 볼이 뒤로 빠졌을 때는 타
   자 아웃.

6. 3스트라이크를 잡지 못했을 때는 인플레이 상태이나 1루
   에 도달하기 전 볼이 먼저 도착했을 때.

7. 6과 같은 케이스
   로 타자가 태그
   (터치, 촉구)
   되었다.

8. 2 스트라이크 후 친 플라이 볼이 몸에 맞았을 때.

9. 자신이 친 타구가 페어지역에서 야수에 맞지 않고 안으로 볼이 되돌아 자신의 몸에 맞았을 때.

10. 1루에 대한 수비가 취해져 있을 때 홈, 1루 간 3피트 라인의
    바깥쪽(또는 안쪽)을 넘어서 수비를 방해하다.

11. 무사나 1사의 주자
    1루, 1·2루, 1·3루,
    만루시 내야수가 페어
    의 플라이(飛球) 또는
    직선타구(라이너)를
    한쪽손, 또는 양손으로
    받고 고의로 떨어뜨렸
    을 경우.
    　볼데드가 되어 주자
    는 원위치로 돌아간다.

12. 더블플레이를 성공시키려 하고 있는 야수를 주자가 방해한다.

타자아웃과 더불어 볼데드로 되어 다른 주자도 있던 자리로 돌아 가게 된다.

13. 타자가 야수의 수비를 방해하다.

14. 야수가 플라이를 잡으려고 하는 것을 관중이 방해했을 때.

제3장 타자 · 61

제3장 타자 · 61

---

15. 인필드플라이가 선언되다.
16. 치던가 번트를 댄 페어의 타구가 페어지역 안에서 재차 맞았을 경우(볼데드가 되어 주자는 진루 못한다)

　단 타자가 배트를 떨어뜨려 볼이 굴러서 그의 배트에 맞아도 심판원이 배트를 떨군 것이 고의 행위가 아니라고 판단했을 경우에는 아웃이 안되고 볼 인플레이로 된다.(페어가 되면 페어, 파울로 되면 파울)

---

17. 치던가 번트를 댄 후 1루로 달릴 때 또 파울이라고 선언되지 않은 상태에서 파울지역으로 굴러가는 볼을 어떤 방법으로든 고의로 반전시켰다.
　　볼 터치로 되어 주자는 진루를 못한다.
18. 2스트라이크 후 홈을 노린(즉 홈스틸) 3루 주자가 정상투구에 그 볼이 스트라이크 존으로 닿았다면?

　타자 아웃으로 2사 때는 주자의 득점은 인정되지 않는다. 단, 무사나 1사인 경우 타자는 아웃이고 볼데드가 되나 득점은 인정되어 다른 주자도 1루씩 진루한다.

5. 타자가 주자가 되어서 아웃될 염려없이 1루가 얻어지는 경우

1. 주심이 띠구(포볼)를 선언하다.

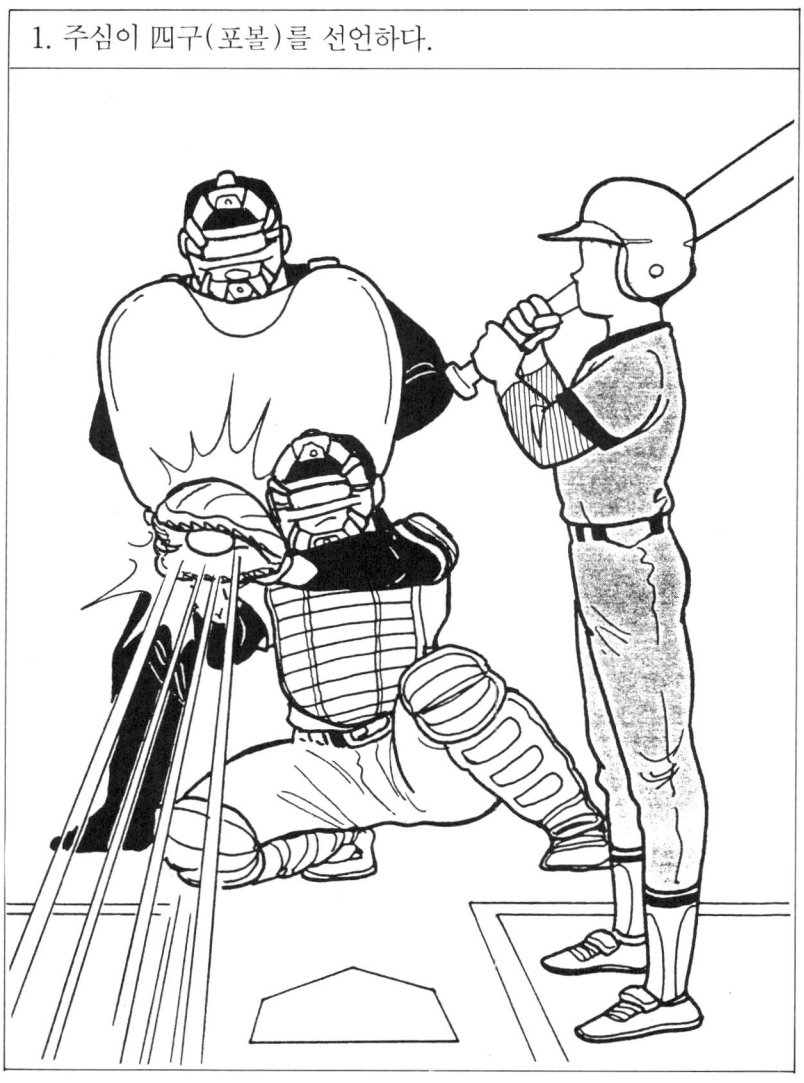

2. 타자가 투구에 맞았을 때(데드볼, 사사구(四死球)·HIT BY PITCH BALL)

번트를 대지않은 투구가 스트라이크 존을 통과하면서
타자를 스쳤을 경우는 스트라이크

3. 타자에 투구가 스쳤는데도 타자가 피하지 않고 그냥 맞았을 때
는 코스에 따라 스트라이크, 아니면 볼로 된다.

타자는 1루에 진루할 수 없다.(단, 사구째(四球)는 제외)

4. 포수나 기타 야수가 타자를 방해하다.

① 방해함에도 개의치 않고 플레이가 계속될 때(번트로 주자를 진루
   시키는 등)는 공격측의 감독은 방해 대신 그의 플레이를 살릴 생
   각이 있으면 주심에게 선택 의사를 밝힌다.
② 방해를 받으면서 안타, 실책, 사사구(四死球) 등 1루에 출루, 그
   외 주자가 한개 이상 진루했을 경우 방해에 관계없이 플레이는 계
   속되게 된다.

6. 타자가 주자로 되는 경우

타자가 주자가 되어 1루에 달려가도 좋을 경우

(1루에 도착할 때 몸에 태그(터치)되던가 1루에 태그되었을 때는 아웃)

1. 페어볼을 쳤으면 달려가도 좋다.
2. 야수(투수도 포함)에 닿지 않은 페어볼이 페어지역에서 심판 또는 주자에게 맞았을 경우.

3. 주자가 1루에 없을 때, 있어도 2사(二死)일 때, 포수가 제3스
   트라이크를 선언당한 볼을 잡지 못했을 때는 인플레이 상태
   로 타자는 1루를 향해 달려갈 수 있다. 곧 '스트라이크 아웃
   낫 아웃'상태이다.

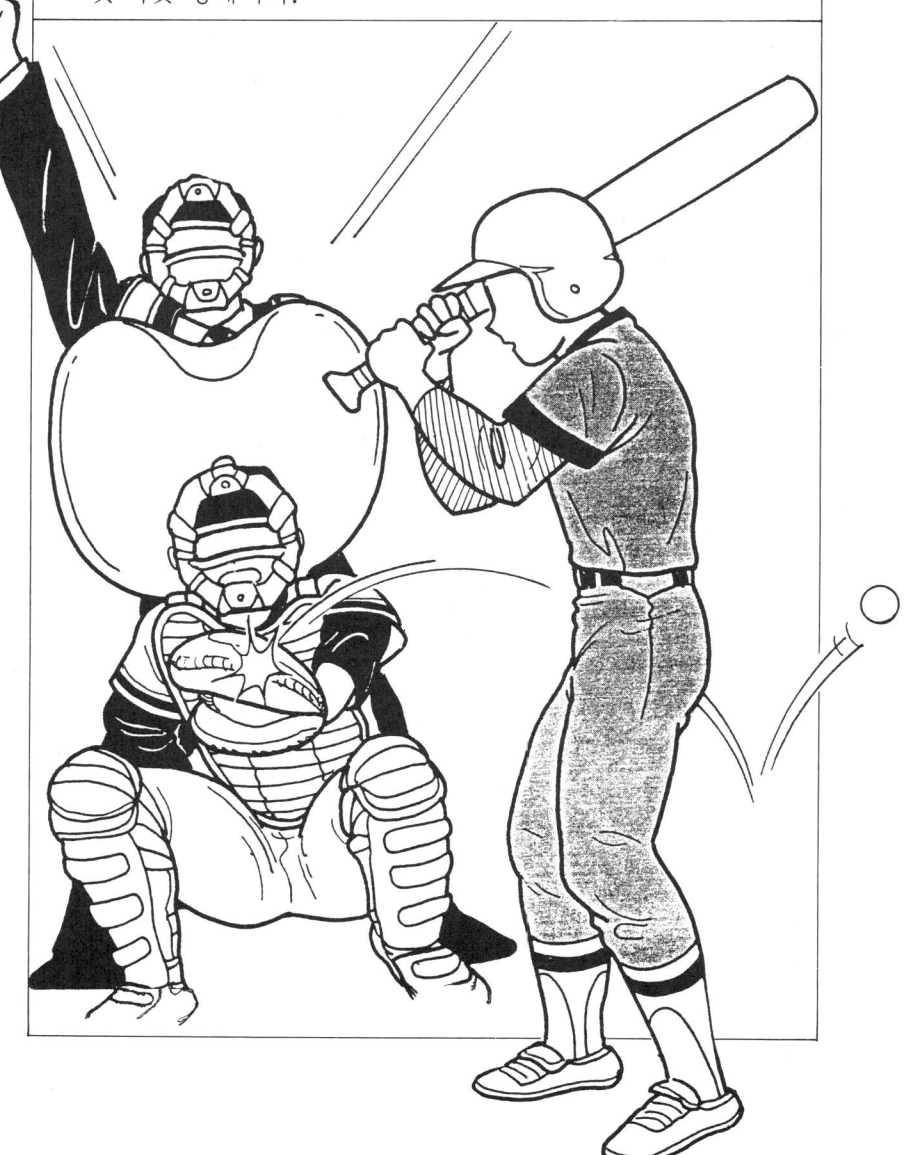

제3장 타자 · 67

홈런, 2루타일 경우

페어 플라이볼이 홈에서 250피트(76.2 m)이상의 펜스를 넘어갔던가 스탠드에 들어갔을 때는 홈런이다.

펜스 또는 스탠드까지의 길이가 250피트가 안되는 경우는 2루타

타자에게는 2루타가, 주자에게도 2개의 진루만이 허용되는 경우.

1. 페어볼이 바운드되어 스탠드에 들어갔거나 펜스 상단의 폴 등
   에 엉켰을 때

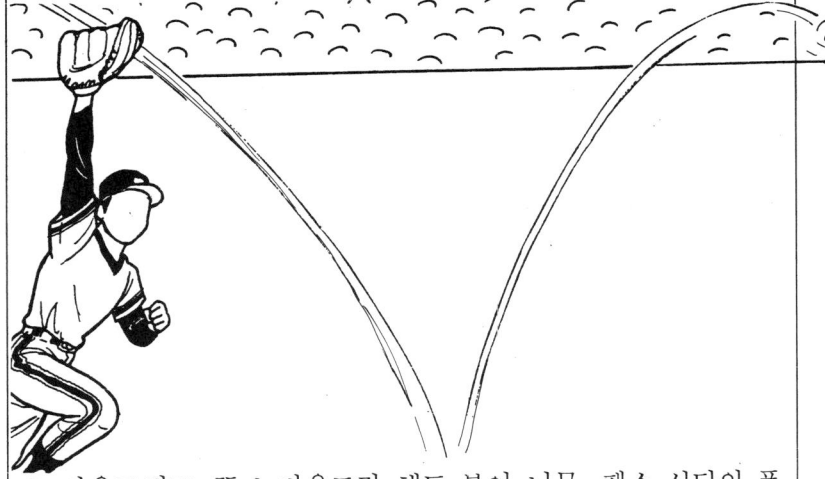

2. 바운드되고 또 노바운드라 해도 볼이 나무, 펜스 상단의 폴
   등의 밑부분을 굴러 들었던가 끼워져서 정지되어 있을 경우.
3. 바운드된 후 페어볼이 야수에 맞고 진로가 변해 페어지역, 또
   는 파울지역의 스탠드에 들어갔을 경우, 또는 펜스를 넘었다
   던가 끼워졌을 때

페어 플라이 볼이 야수에 맞고 진로가 변했다던가 스탠드에
들어갔을 경우

1. 파울지역의 스탠드에 들어가던가 펜스를 넘으면 2루타가 주어
   진다.
2. 페어지역의 스탠드에 들어가던가 펜스를 넘은 경우에는 홈런
   이 된다.(단 스탠드 또는 펜스까지 250피트 미만이면 2루타)

제 4 장

주자

1. 주자가 진루

주자는 진루할 시 1루, 2루, 3루, 홈의 순서로 각 루를 밟고 행동하여야 된다.

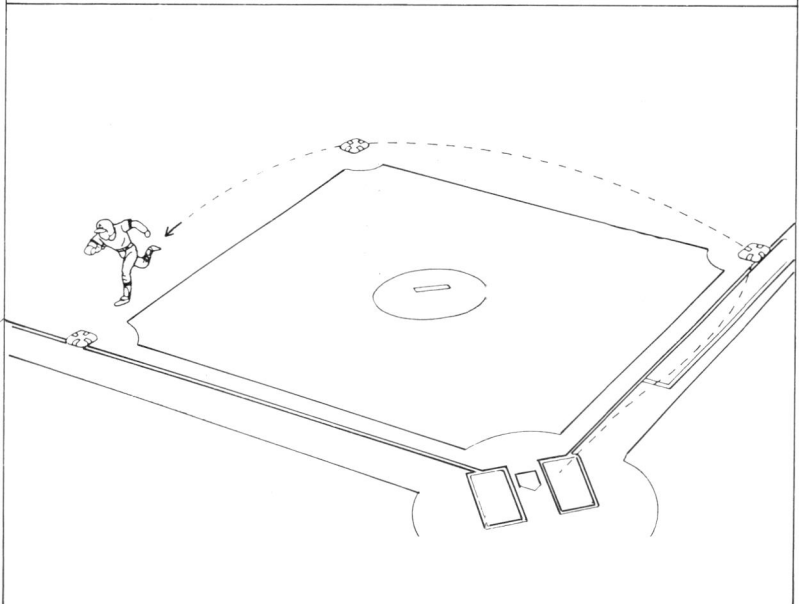

다시 원래의 루로 돌아가야 할 경우도 모든 루를 역순서로 돌아가야만 된다.

볼데드의 시에는 직접 원래의 루로 돌아가도 괜찮다.

2. 한개 루에 동시에 2인의 주자

2인의 주자가 동시에 같은 루에 머무를 수는 없다. 협살의 경우를 제외하고는 먼저 있던 주자에게 그 루에 있을 수 있는 권리가 주어진다.

협살의 경우 한개 루에 2인의 주자가 있을 시 뒤의 주자에게 태그가 되면 아웃.

3. 각 주자에게 아웃당할 위험 없이 한개의 루가 얻어지는 경우

1. 보크가 선고된 경우.
2. 야수가 플레이볼을 잡고난 후 덕아웃 또는 스탠드 안으로 넘어
  져 버린 경우.

 관중들이 경기장 내까지 들어왔을 때 또는 그 관중속으로 넘어져
버린 경우도 포함.

3. 타자에게 1루가 주어져 선행주자가 타자에게 루를 비켜주기
  위하여 진루해야 할 때는 주자는 아웃될 걱정없이 한개의 루
  로 진루할 수 있다.

4. 주자가 도루하려 할 때 포수가 타자를 방해했을 경우 주자는 안전하게 도루하려 한 2루를 얻을 수 있다.

5. 3루 주자가 득점하려 한 순간에의 포수 방해

　　3루 주자가 스퀴즈 플레이, 또는 홈스틸에 의하여 득점하려 할 때 포수나 기타의 야수가 볼을 갖지 않은 상태에서 홈 플레이트 위나 전방에 나와 투구를 잡던가 또는 타자나 그의 배트에 부딪치면 3루 주자를 홈인시키고 타자에게는 1루가 주어진다.

4. 타자와 같이 각 주자가 아웃을 당하지 않고 진루할 수 있는 경우

홈런

1. 타구가 펜스를 넘으려 할 때 야수가 글러브, 모자, 유니폼 등
   으로 진로를 바꾸었을 때 주자와 타자에게는 홈까지 진루할
   권리가 얻어진다.

2. 페어볼이 바운드되지 않고 펜스를 넘었을 경우 전체 주자와
   타자는 홈까지 진루한다. (즉 홈런)

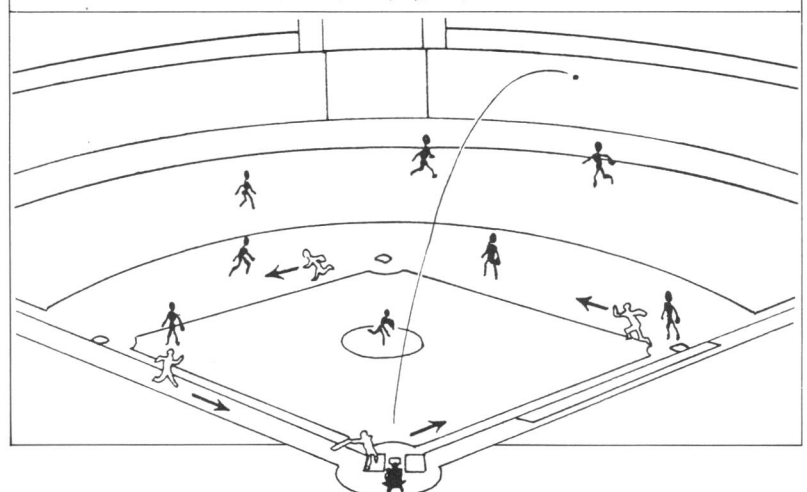

3루타

1. 야수가 글러브를 고의로 던져 페어 볼에 맞추었을 때
   볼 인플레이며 타자는 아웃을 각오하고 홈까지 노려도 좋다.

2. 글러브가 아닌 모자, 마스크, 스파이크, 유니폼의 일부 등을
   페어볼에 부딪치게 하는 경우도 같은 양상.

2루타

1. 야수가 글러브, 마스크, 모자, 유니폼의 일부 등을 송구에 부딪치게 했을 경우

2. 페어타구가 바운드하던가 야수에 맞고 진로가 바뀌어져 1루 또는 3루 파울선의 스탠드에 들어갔을 경우

　같은 양상으로 진로가 바뀌어져 펜스, 스코어보드 아래로 굴러들어가던가 멈춰졌을 경우도 포함된다.

3. 내야수의 최초 플레이에 의한 송구 이외의 것.
   예를 들면 외야수의 투구가 스탠드에 들어갔을 경우

　　그외 악송구(惡送球)가 야수의 손을 벗어났을 때 서있던 루에서
2개의 루가 얻어진다. (스탠드에 들어갔을 때는 그물망에 끼어있거나
펜스를 넘던가 굴러갔을 경우도 포함된다.)

한개의 진루가 얻어지는 경우

1. 타자에게 폭투(暴投)나, 투수가 투수판 위에서 주자를 아웃 시키려고 던진 악송구가 스탠드나 덕아웃으로 들어갔다.

2. 사구(四球)째, 삼진(三振)의 투구가 포수를 통과하여 주심이나 포수의 마스크 또는 용구에 맞았을 경우.

4구째, 삼진 때 타자도 1루가 얻어진다. 단, 투구, 또는 송구가 포 수나 그 루를 지키는 야수를 통과하여 다른 야수, 또는 또다시 그 야 수에 맞고 덕아웃이나 스탠드에 들어간 경우도 각 주자는 투구 당시 의 위치에서 2개 진루가 얻어진다.

5. 주루 방해

> 1. 주루를 방해당한 주자에 대해서 플레이가 행해지고 있는 경우.
> 타자 주자가 1루에 가기 전에 주루를 방해당했을 경우도 포함.

볼데드가 되어서 방해당한 주자는 방해가 없으면 어디까지 진루할수 있었을 것이라는 심판의 측정이 가능한 루까지 진루할 수 있다.
(적어도 한개의 진루는 얻어진다.)

2. 협살 플레이로 주자가 방해 당했을 때는 주자가 어디를 향해 있어도 반드시 다음 루가 얻어진다.

3. 주루를 방해당한 주자에 대해 플레이가 진행되고 있지 않을 경우.

　모든 플레이가 종료될 때까지 계속되어 종료를 눈으로 확인한 후 심판은 '타임'을 부르고 필요하면 방해에 의한 주자가 불이익을 당하지 않게끔 적당한 조치를 취한다.

6. 주자 아웃이 되는 경우

1. 주자가 야수에 태그당하려 할 때 루 사이를 연결하는 직선에서 3피트 벗어나 태그를 피했을 경우(즉 3피트라인 아웃).

2. 루에서 벗어나 있던 주자가 베이스 라인에서 떨어져 다음 루에 진루할 의사를 포기했을 경우.

  예를 들면 주자가 자신이 아웃되었다고 생각하고 진루한 루에서 떨어져 덕아웃으로 들어갔을 경우.

3. 볼 인플레이 상태에서 주자가 루에서 떨어져 있을 시 야수에 태그 당했을 때.

4. 플라이볼이 잡힌 후 선행주자가 다시 본래 루로 돌아오기 전 볼이 그 루에 태그되었을 때.

5. 주자에게 페어볼이 페어지역에서 맞았을 때.(단, 투수를 포함한 내·외야수에 맞지 않았던가 투수를 제외한 내야수를 통과하지 않은 페어볼에 한한다)

6. 무사(無死) 또는 1사(一死)에서 주자가 득점하려 할 때 타자가 반칙행위를 하던가 홈에서 수비를 방해했을 때.

   2사(二死)의 경우에는 인터페어로 타자가 아웃되어 득점은 기록되지 않는다.

7. 바로 루에 도착했는데도 수비 혼란을 목적으로(또는 장난질 등) 루를 거꾸로 달려가려 할 때.
   심판은 즉시 타임을 부르고 그 주자에게 아웃을 선언.

8. 타자가 주자로 되어(안타 등으로) 반드시 진루하여야만 됐을 때 선행주자가 다음 루에 진루하기 전에 상대편 야수가 그 주자나 그 루에 태그를 했을 때.(포스 아웃이라 부른다)

9. 뒤의 주자가 아웃되지 않은 앞 주자를 추월했을 때.
   뒤의 주자가 아웃.

10. 주자가 1루를 오버 런, 또는 오버 슬라이딩한 후 재빨리 1루
    로 되돌아 오지 못했을 경우.

앞의 루와 그 주자 또는 1루에의 태그가 필요.

11. 1루를 오버 런, 또는 오버 슬라이딩한 주자가 2 루에 진루하
    려 할 때.

야수가 태그하면 아웃.

7. 인터페어

　다음과 같은 경우는 인터페어로 되어 주자는 아웃, 볼데드로 된다.

---

1. 아웃된 주자가 자기편의 주자를 상대하고 있는 중인 상대편 야수의 행동을 방해할 경우.

---

2. 주자가 송구를 고의로 방해하는 경우.

---

3. 페어볼을 수비하려고 하는 야수를 방해하는 행위.

4. 주자가 파울로 인정되지 않은 상태에서 파울지역을 굴러가는 타구의 진로를 어떤 방법을 써서 고의로 변경시켰을 때.

5. 제3스트라이크 후 타자가 투구를 처리하려고 하는 중인 포수를 방해했을 때.

① 아직 아웃이 되지 않은 타자

② 아웃된 타자

제3스트라이크가 선언되어도 타자는 주자로 되어있기 때문에 주자로서의 인터페어가 된다.

① 3스트라이크를 선고당했을 뿐이고 아직 아웃이 되지 않았다.
   (포수가 볼을 떨어뜨려서)

   3루 주자에 대한 포수의 수비를 방해할 경우는 타자 주자가 아웃, 3루 주자는 귀루한다.(되돌아 간다)

② 제3스트라이크의 선언으로 타자가 상기(上記)의 인터페어, 또는 도루하려 하는 타자에게 송구하려 하는 포수의 수비를 방해한 경우는 대상이 된 주자를 아웃시킨다.

---

6. 1인이나 2인 이상의 공격측의 멤버가 주자가 가려 하는 루에 접근해 서 있던가 그 루 부근에 모여 수비측을 방해한다.

주자 아웃

7. 주자가 아웃되지 않게 하려고 고의로 타구를 방해하던가 타구를 처리하려고 하는 야수를 방해하고 있다. 주자도 타자도 아웃.

8. 타자 주자가 아웃이 되지 않게 하려고 고의로 타구를 방해하던가 타구를 처리하려 하는 야수를 방해하고 있다. 타자 주자와 같이 홈에서 제일 가까이 있는 주자도 아웃.

9. 3루, 또는 1루의 베이스코치가 주자의 진루, 귀루 등에 대해 몸을 움직이며 코치를 했다.

10. 주자 3루 때 베이스 코치가 코처스 박스를 이탈하여 어떠한 몸짓으로 야수의 송구를 유도하려 하고 있다.

예외

타구를 처리하려고 하는 포수와 타격 후 1루로 가려 하는 타자주자가 서로 부딪쳤을 때는 주자의 인터페어도, 포수의 주자방해도 선고 안된다.

11. 주자가 야수의 타구를 고의로 발로 찼다.

8. 어필 플레이

다음의 경우 수비측이 어필을 하면 아웃.

● 어필이란 수비측이 공격측의 규칙을 위반한 행위를 지적하고 아웃
을 요구하고 그의 승인을 구하는 행위.

　투수가 타자에게 투구자세를 취한다거나, 투구를 행한다거나 등
의 플레이를 취하기 전에 수비측에 의하여 심판에게 요구가 이루어
야 한다.

　공수교대(功守交代)의 경우 투수와 내야수가 페어지역을 벗어
날때까지, 시합완료 후 주심의 게임종료 선언이 있을 때까지 이 어
필권은 유효하다.

1. 플라이볼이 잡힌 후 루에서 떨어져 있던 주자가 다시 자신의
   루로 돌아오기 전 몸이나 그 루에 태그가 행해졌을 경우.

2. 볼―인플레이 때, 주자가 진루 또는 오버 런에서의 각 루를 미처 밟지 못했을 때 그 루를 바로 밟기 전에 몸 또는 그 루에 태그가 이루어졌을 경우.

3. 주자가 1루를 오버 런, 또는 오버 슬라이딩한 후 즉시 귀루하지 못했을 때 몸 또는 루에 태그가 이루어졌을 경우.

4. 주자가 홈 플레이트를 밟지 않고 더욱이 홈 플레이트를 다시 밟으려 하지 않았을 때 홈 플레이트에 태그가 이루어졌을 경우.

9. 주자가 홈 플레이트를 밟아도 득점이 인정되지 않는 경우

1. 타자가 1루에 갈 때까지 아웃이 되었고 그것이 '제3 아웃' 상태였다.

2. 2사(二死)후 전의 주자가 있던 루에 잘못 태그를 했던가 리터 치를 미처 못한 탓으로 어필이 발생해 '제3아웃'이 되었을 경우.

3. 어떤 주자가 포스 아웃당해 그것이 '제3 아웃'이었다.

굿바이 승리의 경우 특별한 예

4. 타자가 사사구(四死球)를 얻어 만루에서 굿바이 승리를 이끌어 낸 경우, 3루 주자가 홈 플레이트 밟고도 타자가 1루에 진루해야만 수비측의 어필을 받지 않고 게임이 종료된다. 만일 그때 타자가 1루에 진루하지 않았을 경우에는 어필이 이루어지고 타자 아웃이 선언되어 2사후의 경우라면 득점은 인정되지 않는다.

   이런 경우 진루의 의무가 있는 것은 타자와 3루 주자뿐.

예외 1.

　앞 주자가 미처 루에 못돌아가 아웃이 되든 안되든 간에 뒤의 주자에게는 아무런 관계가 없다.

앞의 주자가 루에 못돌아가 아웃이 되어 그것이 '3아웃'이 아니면 뒤 주자의 득점은 인정된다.

예외 2.

　뒤 주자가 어필로 '제3 아웃'이 되었을 때 그림과 같이 그 아웃이 포스 아웃 상태가 아니면 득점은 인정된다.

10.코치스 박스로 타구가 날아오면…

베이스 코치는 타구나 송구를 처리하려고 하는 야수의 수비에 방해를 주지 않도록 필요에 따라서는 코처스 박스에서 벗어날 수도 있다.

그외의 공격측 멤버(덕 아웃 안에 있는 플레이어는 물론 다음 타자, 불펜에서 연습 중인 투수 등 전원)도 같이 수비측에게 방해를 해서는 안된다.

코치가 비켜주지 않으므로써 야수가 잡지 못했다면 심판이 이것을 확인하면 수비방해를 선고하고 타자를 아웃시킨다.

제 5 장

야구는 9회까지

1. 정식 시합

1) 통상 9이닝으로 되어 시합완료 시 양팀의 총 득점으로 승패가 정해진다.

  ① 선공(先攻)팀이 9회초의 공격을 끝냈을 때, 후공(後攻)팀의 득점이 상대보다 많을 때는 후공팀의 승리.

  ② 양팀이 9회의 공수(攻守)를 끝냈을 때 선공팀의 득점이 상대보다 많았을 때는 선공팀의 승리.

③ 후공팀의 9회말 또는 연장회 말의 공격 중 승리가 되는 주자가 득점하면 시합은 완료되고 후공팀의 승리.

시합의 최종회 말 타자가 홈런을 쳤을 경우 타자 및 루 상의 각 주자가 정상적으로 각 루를 밟으면 득점으로 인정되어 타자가 홈 플레이트를 밟았을 때 시합은 완료되어 타자 및 주자가 올린 점수를 가하여 홈팀의 승리라 한다.

9회 또는 연장회 말에 홈런을 친 타자가 앞주자를 앞질렀기 때문에 아웃된 경우는 루 상의 전주자가 득점할 때까지 기다리지 않고 승점이 되는 주자가 득점하였을 때 시합은 완료된다.

2) 9회 양팀의 공격이 완료되어 더욱 양팀 득점이 동률인 경우는 연장전이 된다. 시합종료는 다음의 경우가 있다.

① 연장회가 끝나고 선공팀의 득점이 후공팀의 득점보다 많을 경우.

② 후공팀이 연장회말 공격 중 승리점을 기록하였을 때.

3) 콜드게임

A. 주심에 의하여 도중에 중단된 경우 정식시합으로 되는 것은 다음의 경우이다.

① 5회를 채운 후 중단을 선언받은 시합

	一	二	三	四	五	六	七	八	九
A	1	0	0	3	0				
B	0	2	0	1	0				

② 5회가 끝났을 때 또는 5회 도중 중단을 선언받은 시합, 후공팀의 득점이 선공팀의 득점보다 많았을 때.

	一	二	三	四	五	六	七	八	九
A	1	0	1	0	0				
B	2	1	0	0	0				

③ 5회 공격 중 후공팀이 득점하여 선공팀의 득점과 동률이 되었을 때 중단된 시합.(무승부 게임)

	一	二	三	四	五	六	七	八	九	
A	0	2	0	3	0					5
B	0	1	1	0	3	×				5

B. 게임이 성립되지 않은 게임(노게임) 5회 공격이 완료되기전의 중단은 원칙적으로 노게임.(단 5회 도중에도 상기의 A의 ②, ③의 경우 만이 정식시합이 된다)

	一	二	三	四	五	六	七	八	九	
A	3	0	1	0	×					(노게임)
B	0	0	0	0						

	一	二	三	四	五	六	七	八	九	
A	0	0	0	5	0					(노게임)
B	2	1	1	0	0	×				

	一	二	三	四	五	六	七	八	九	
A	0	1	0	0	0					(노게임)
B	1	0	0	0	×					

C. 콜드 게임의 득점계산

콜드 게임에 있어 원칙적으로는 주심이 중단을 선언한 시점에서의 총 득점을 가지고 승패를 결정하나 예외로 다음 두가지의 경우가 있다. 이 두가지의 경우에는 양팀이 공격을 완료한 회까지 계산하여 양팀의 득점을 계산한다.

① 선공팀이 먼저 공격에서 득점하여 동점으로 추격, 그 뒤 후공팀이 득점 못한 상태에서 중단되었을 경우

	一	二	三	四	五	六	七	八	九	
A	0	0	0	0	1	0	2			1
B	0	1	1	0	1	0	0	×		3

② 선공팀이 득점, 리드한 상황에서 후공팀이 동점까지 추월
했거나, 역전시키지 못했을 경우.

	一	二	三	四	五	六	七	八	九	
A	0	2	0	0	0	5				2
B	2	0	0	0	1	1	×			3

2. 서스펜디드 게임 (일시 정지 시합)

주심이 아래의 이유로 중단을 선언한 시합이나 후일 완료하기로
조건을 세운 게임.
① 법률에 의한 제한
② 리그 규정에 의한 시간 제한
③ 조명의 고장이나 기타 경기의 기계적인 장치의 고장
④ 어두워졌는데도 법률에 의한 사용의 허가가 나지 않아 시합속
행이 불가능할 경우.
단 ①과 ②는 정식시합이라 할 수 있는 회수를 완료하지 못하는
한 서스펜디드 게임이라 할 수 없다.
③과 ④는 회수에 관계없이 서스펜디드 게임.
일본에서는 서스펜디드 게임을 인정하고 있는 것은 퍼시픽 리그
뿐이고 아마추어에 있어서는 연식야구가 7회까지 시합이 진행되지
못할 경우 날씨 등 기타에 의한 시합계속 불가능에 대하여 특별 계속
시합이라 하여 다음날 속행함을 인정하고 있다.
속행시합은 본래 시합이 정지된 그 자리에서 재개된다. 따라서 출
장자, 타격순은 모두 전일 짜여진 대로 재개된다.
정규의 룰에 따른 멤버의 변경은 상관없다.

3. 더블헤더

더블헤더의 제2시합은 제1시합의 완료 후가 아니면 개시해서는 안된다.

심판은 더블헤더의 제2시합을 될 수 있는 한 속개해야 한다.

그라운드 컨디션, 시간제한, 날씨상태 등이 허용될 수 있는 한 속행시킨다.

4. 몰수 게임

한팀이 다음의 행위를 저질렀을 경우 상대팀은 9대 0의 승리를 얻는다.

① 주심이 플레이를 선언한 후 5분이 경과해도 경기장에 나오지 않거나 경기장에 나와서도 시합하기를 거부한 경우.

② 시합을 질질 끌게 하거나 또는 단축하기 위해서 눈에 보이는 속임수를 쓸 경우.

③ 주심이 일시 정지 또는 시합의 중단을 선언하지 않았는데도 시합의 속행을 거부할 경우.

④ 일시 정지된 시합을 재개하기 위하여 주심이 플레이를 선언한 후 1분 이내에 경기를 재개하지 않는 경우.

⑤ 경고를 주었는데도 불구하고 고의로 또는 집요하게 반칙행위를 반복하는 경우.

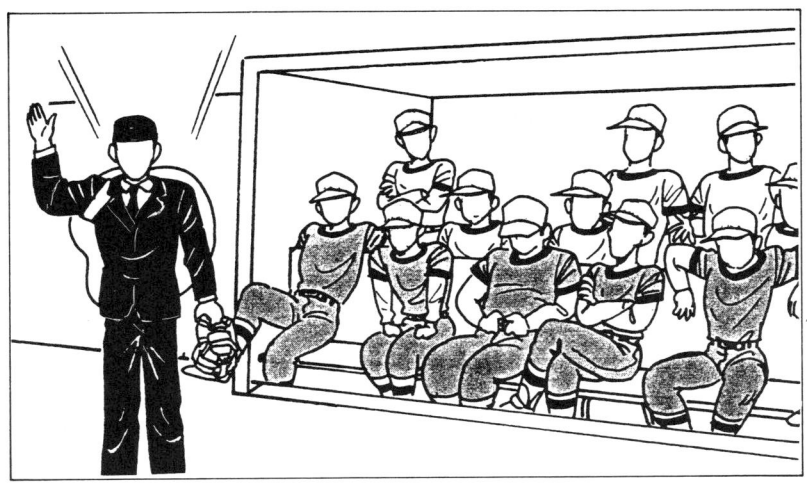

⑥ 심판진의 명령으로 퇴장시킨 선수를 적절한 시간 안에 퇴장시키지 않은 경우.

⑦ 더블헤더의 제2시합을 할 때 제1시합 완료 후 20분 이내에 경기장에 나타나지 않았을 경우.(단, 제1시합의 주심이 제2시합 개시까지의 시간을 연장시킨 경우는 예외)

⑧ 한팀이 9명의 선수를 채우지 못할 경우나 이를 거부했을 경우.

⑨ 주심이 시합을 일시 정지시킨 후 재개하는데 필요한 준비를 구장관리인에게 알렸는데도 그 명령이 이행되지 않았기 때문에 시합재개에 지장을 초래했을 경우는 방문팀이 승리.

제 6 장

볼 데드

1. "플레이"로 시작

시합은 주심이 "플레이"를 선언함으로써 시작된다. 이때 볼 인플레이로 되어 규정에 따라 '볼 데드'로 되나 심판진이 "타임"을 선언하지 않는 한 볼 인플레이의 상태는 이어진다.

볼 데드로 되면 각 플레이는 아웃이 되며 진루나 귀루를 할 수 없고 득점할 수도 없다.ㅏ.

단, 볼 인플레이 중에 일어난 행위(보크, 악송구, 방해, 홈런, 안타) 등의 결과 한개 또는 그 이상의 진루가 인정된 경우는 제외.

2. 볼 데드(주자가 되돌아가는 경우)

① 주심 또는 타자가 포수의 송구동작을 방해(인터페어)한 경우
② 반칙타구의 경우
③ 파울볼을 잡아내지 못했을 경우

3. 볼 데드(진루가 허용되는 경우)

① 투구가 정위치에 있는 타자의 신체 또는 유니폼에 맞았을 경우(사구(死球))로 이 타자가 1루에 진루하기 위해, 다음 루에 진루하는 주자만이 진루가 허용된다.
② 보크의 경우(각 주자는 진루).
③ 내야수(투수를 포함)에 맞지 않은 페어볼이 페어지역에서 심판에 맞았을 경우 또는 내야수(투수를 제외)를 통과하지 않은 페어볼이 심판에 맞았을 경우(타자는 1루가 얻어지고 주자는 귀루하게 되는데 타자가 주자로 되었기 때문에 루를 내주는 의무가 생겨 각 주자는 진루).

주자에게 페어볼이 맞았을 경우 아웃이 되나 다음의 경우는 예
외로 볼 인플레이 상태.

(가) 일단 내야수에 맞은 후 페어볼에 맞았을 경우.

(나) 내야수에 맞지 않고 그의 다리사이 또는 옆을 통과한 타
구에 뒤쪽이 맞았는데 볼에 대한 상대방 어떤 내야수도
수비할 모션(동작)을 취하지 않은 경우.

(다) 투구가 포수를 통과하여 주심이나 포수의 마스크 또는 용
구에 꽂혔을 경우(각 주자는 진루).

(라) 정식 투구가 득점하려 하는 주자에 맞았을 경우(각 주자
는 진루).

4. 볼 데드에서의 재개

투수가 새로운 볼이나 전(前)의 볼을 손에 쥐고 정상적으로 투수
판에 자리하고 주심이 "플레이"를 선언하면 경기는 재개된다.

제 7 장

심판

예의를 갖추고 공평하고 엄격하지 않으면 안된다.

　심판은 경기장의 유일한 대표자이므로 인내력과 정확한 판단력이 필요하다. 그의 입장은 언제나 나쁜 상황에 대처해야만 하는 일이 일어난다. 그때 심판은 모든 감정을 자제하는 일이 가장 중요하다. 판정에 신뢰를 가질 수 있게 하는 의미에서도 모든 사람으로부터 존경을 받는 입장이 되어야 한다.

　아무리 잘 아는 사이라 할지라도 플레이어나 코치와 쓸데없는 언행을 취하면 안된다.

　플레이어나 코치에게 이야기를 걸어서도 안된다.

1. 시합이 시작되기 전에

　플레이에 재정(裁定)을 내리는 것만이 심판진의 임무는 아니다. 시합개시 전에는 다음의 일을(아래의 기록사항) 숙지하고 있어야 한다.

　석회, 기타 백색재료로 그어진 경기장의 제선(諸線)이 지면, 또는 잔디로부터 확실하게 분별이 잘 되어있는지를 확인한다.

　기타 경기에 사용되는 기구 및 플레이어의 장구가 모두 규칙대로 되어 있는가를 감시한다.

　예를 들면 투수판, 파울라인 등의 점검도 해 놓는다.

　정·부(正·副) 두통의 배팅오더를 받아 모두 바르게 적혀 있는가를 확인하고 부본을 상대팀의 감독에게 준다.

2. 플레이를 재정(裁定)한다

심판은 플레이를 재정한다는 것을 잊어서는 안된다.

그리고 재정에 있어서는,

① 어떠한 플레이도 잘 보이는 위치를 취한다.

② 볼에서 눈을 떼지 않는다.

③ 기민하게 움직인다.

이 세가지를 염두에 두고 행동해야 한다.

예를 들어, 심판의 위치가 나쁘거나 정확한 위치를 찾는데 늦게 행동하면 플레이어가 종종 이의(異議)를 걸어오게 되기 때문이다.

> 볼이 글러브에 들어오는 소리를 잘 듣고 주자의 상황을 유심히 보도록 한다. 주자의 다리와 동시에 볼도 눈에 들어오게 하는 재빠름을 늘 유지하게끔 노력한다.

뛰면서 플레이를 판정해서는 안된다. 똑바로 선 자세를 취한다.

페어냐 파울이냐의 판정은 확실하게 어느 쪽이 결정됐을 때, 또는 페어냐 파울이냐가 매우 분간하기 어려웠을 때 선언한다. 볼이 파울라인의 안쪽에 있는가, 밖에 있는가를 명확하게 손으로 지시한다.

누군가가 항의해 오면 잠깐만 들어주고 그리고 "나는 이렇게 봤다, 그러기에 이것이다."라고 매섭게 설명하고 걸어 나온다.

어필성 플레이를 알려주어서는 안된다.

3. 심판의 시그널

스트라이크의 시그널.

아웃의 시그널.

■ 심판은 괴롭다

　아무일도 아닌데도 트러블이 발생해 그것을 심판의 오심으로 볼 때 심판은 선수, 팬들로부터 손가락질 당하기 일쑤다. 어쨌든 심판의 위치는 썩 좋은 역할은 못된다. 그것을 심판진은 묵묵히 이겨내야 하는 것이다. 좋은 심판이란 많은 사람에게 납득시키는 일을 하기 위하여 보이지 않는 노력을 하는 사람이다.

　오늘 시합의 결과나 순위가 어떻게 되었냐는 것과는 무관하며 단지 플레이의 하나하나를 명확하게 판정하는데 전력을 기울여야 한다.

　큰 홈런, 스탠드 최상단이냐 아니면 장외 홈런인가에는 별 무신경이다. 오버펜스와 동시에 외야심판은 그저 홈런이라는 제스처를 취할 뿐이다. 내야심판은 타자가 바로 베이스를 밟고 가는가 아닌가를 보고 결정하는 제스처에 들어가 있을 뿐이다. 심판은 괴롭다.

세이프의 시그널

'볼'은 '스트라이크' 시그널과는 달리 몸짓은 아니하고 그냥
'볼'이라고 선언하면 된다.

4. 마지막으로

　홈 플레이트를 쓸 때는(깨끗하게 하기 위하여) 다이아몬드의 뒤쪽에서 투수에게 등을 두고 구부린 자세로 행한다. 언제나 홈 플레이트는 깨끗하게 정비하여야 된다.

　심판은 시설, 용구, 설비 등에 언제나 주의하고 안전하게 또 부드럽게 진행시켜야 한다.

제 8 장

야구용어를 외우자

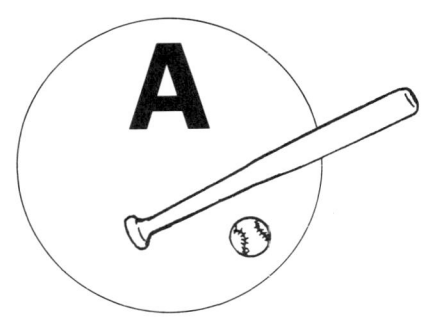

APPEAL(어필)

공격팀에 규칙위반이 있을 때 수비측이 그 위반행위를 심판진에 지적하고 아웃을 주장하는 것.

예를 들어 ① 주자가 있던 루를 밟지 않고 다음루에 진루하였을 때 수비측은 그 루에 '볼터치' 후 심판진에 어필을 하면 아웃이 된다.

그외 ② 공격측의 타순이 틀렸을 때 ③ 플라이볼이 잡혔는데 주자가 루에 돌아가지 않았을 때 ④ 주자가 1루를 오버 런, 또는 오버 슬라이딩 해서 즉시 귀루하지 않았을 때 ⑤ 주자가 홈 플레이트를 밟지 않았는데도 다시 밟으려 하지 않는 경우.

이상과 같은 경우 수비측이 어필을 하면 심판진은 아웃을 선언한다.

따라서 심판진은 어필이 있어도 그것을 수비측에 알릴 필요는 없다.

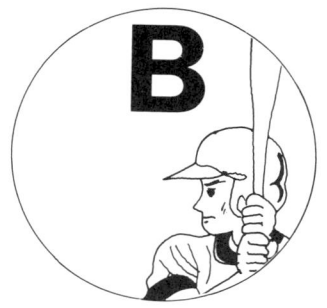

BALK(보크)

주자가 루에 있을 때 투수의 투구에 관한 반칙행위, 심판진이 보크를 선언하면 주자는 각각 1개루씩 진루한다.

BALL(볼)

스트라이크 존을 통과하지 않은 투구, 지면에 닿은 볼.(단 타자가 치지 않았을 경우)

BASE(베이스)

주자가 득점하기 위하여 밟아야 되는 4개 지점에 놓인 것을 말한다.

BASE COACH(베이스 코치)

1루 또는 3루의 코처스 박스 안에 자리해서 타자 또는 주자를 지도하는 유니폼을 착용한 팀의 일원. 같은 유니폼을 입고 있지 않는 자는 베이스 코치로 인정이 되지 않는다.

BASE ON BALLS(베이스 온 볼스. 사구(四球))

타자가 타격 중 볼 4개를 얻어 1루에 진루할 수 있는 재정(裁定). 보통 포볼(四球)이라 부른다.

BATTER(배터, 타자)

배터 박스에 들어가 공격하는 플레이어.

BATTER RUNNER(배터런너, 타자주자)

공격이 끝난 타자가 아웃될 때까지 또는 주자로 되었다 하는 플레이가 완료될 때까지의 사이를 말하는 단어.

BATTER'S BOX(배터 박스)

타자가 타격하기 위하여 서는 장소. 다리를 이 박스 밖에 내놓고 치면 반칙.

BATTERY(배터리)

투수와 포수를 통칭할 때 쓰는 말.

BENCH OR DUGOUT(벤치 또는 덕아웃)

유니폼을 착용한 플레이어, 후보, 기타 팀의 멤버가 실제로 경기에 임하지 않고 있을 경우 들어가 있어야 되는 곳.

BUNT(번트)

크게 스윙하는게 아니라 내야에 볼이 굴러가는 것처럼 배트를 볼에 갖다 맞추는 행위.

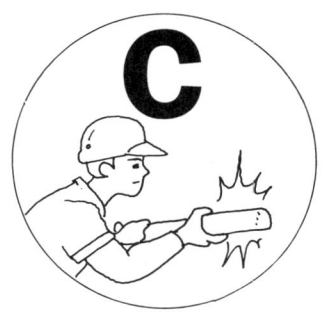

CALLED GAME(콜드 게임)

어떤 이유로든지 주심이 중단을 선언한 시합.

CATCH(캐치)

야수가 인플레이 타구, 투구 또는 송구를 손 또는 글러브로 받아서 볼을 확실하게 잡는 행위. 모자, 또는 유니폼의 주머니 등으로 받은 경우는 잡아낸 것이라 할 수 없다. 볼에 맞음과 동시에 또는 그 직후 다른 플레이어와 충돌하던가 넘어져 낙구(落球)된 경우도 마찬가지. 야수가 볼을 받은 후여서 송구 동작을 취하다가 볼을 떨어뜨린 경우는 인정.

CATCHER(캐처-포수)

홈의 후방에 위치한 야수.

CATCHER'S BOX(캐처스 박스)

투수가 투구할 때까지 포수가 자리해야 할 장소. 투구전에 이 위치에서 벗어나서 잡으면 볼이 된다.

COACH(코치)

팀의 유니폼을 착용한 일원으로 베이스 코치의 임무만이 아니고 감독이 지시하는 임무를 다하기 위하여 감독의 지명으로 뽑힌 사람.

DEAD BALL(데드 볼)

규칙에 의하여 플레이가 일시정지된 상태에서의 볼. 일본에서 말하는 데드볼은 사구(死球)를 말하는 것이고 타자가 투구를 몸에 맞고 한개의 루가 얻어지게 되는 일을 의미한다.(즉 HIT BY PITCH BALL을 말함)

① 사구(死球)

② 주심의 포수 송구 방해

③ 파울볼

④ 페어볼이 주자 또는 심판진에 맞았을 경우

⑤ 포구
⑥ 반칙타구
⑦ 투구가 주심이나 포수의 마스크나 기타 용구 등에 맞았을 경우
⑧ 투구가 득점하려고 하는 주자에 맞았을 때
⑨ 고의 낙구(故意 落球)
⑩ 심판진이 타임을 선고한 경우

DOUBLE-HEADER(더블헤더)

계속하여 행하는 시합을 말하며 처음부터 일정에 짜여질 경우도
있고 일정을 수정해서 짜여지는 경우도 있다.

DOUBLE PLAY(더블 플레이 · 병살)

수비측 플레이어가 연속한 동작으로 2인의 공격측 플레이어를
아웃 시키는 행위. 그러나 이때 실책이 따랐다면 더블 플레이는 성립
되지 않는다.

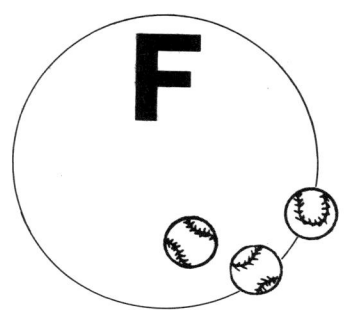

FAIR BALL(페어볼)

타자가 정식으로 친 볼 다음에 해당하는 것을 말한다.

① 홈 1루간, 또는 홈 3루간의 페어지역 안에 머무른 볼.

② 1루 또는 3루를 바운드 되면서 외야쪽으로 넘어가는 경우 페어지역에 닿으면서 통과하거나 또는 그 공간을 통과한 볼.

③ 1루, 2루 또는 3루에 닿은 볼.

④ 최초 떨어진 지점이 1루, 2루 및 3루를 잇는 선상에 있거나, 또는 그 선을 넘은 외야의 페어지역 안의 볼.

⑤ 페어지역 안, 또는 그 공간에서 심판진이나 플레이어의 신체에 맞은 볼.

FAIR TERRITORY(페어 지역)

홈 플레이트로부터 1루 및 3루를 지나 경기장 펜스 하단까지 그은 직선의 안쪽부분을 말한다. 각 파울라인은 페어지역에 포함된다. 따라서 선위는 페어이다.

FIELDER'S CHOICE (필더스 초이스 · 야수 선택)

페어볼을 잡아낸 야수가 1루로 타자아웃을 시키는 대신, 선행주자를 아웃시키려고 다른 루에 송구하는 행위를 말한다. 또 다음의 경우도 기록상의 용어로 '야수선택에 의한 진루'라 한다.(줄여서 야선(野選)이라고 한다)

① 안타를 친 타자가 선행주자를 아웃시키려고 하는 야수의 다른

루에의 송구를 이용, 한개 또는 그 이상의 루를 여유있게 차지
한 경우.

② 어떤 주자가 도루나 실책을 저지르지 않고 주자를 아웃시키려
고 하는 야수의 다른 루에 송구를 이용하여 진루한 경우.

③ 도루에 성공한 주자가 수비측의 무관심으로 인하여 아무런 수
비행위를 취하지 않고 있는 사이에 진루한 경우.

FORCE PLAY(포스 플레이)

타자가 주자로 된 까닭에 루에 나가있는 주자가 규칙에 의하여 그
루의 점유권을 잃어버린 일이 원인이 되어 생긴 플레이.

FORFEITED GAME(몰수 게임)

규칙위반을 하여 주심이 시합완료를 선언해 9대 0으로 과실이 없
는 팀에 승리를 주는 시합.

FOUL BALL(파울볼)

타자가 정상적으로 친 볼로 다음에 해당하는 것을 말한다.

① 홈 1루간, 또는 홈 3루간의 파울지역 안에서의 모든 볼.

② 1루 또는 3루에 바운드되면서 외야쪽을 넘어가는 경우 파울지
역을 스치면서 통과하거나 또는 파울 지역 위의 공간을 통과한
볼.

③ 1루 또는 3루를 넘은 파울지역 안에 최초로 떨어진 볼.

④ 파울지역 안에서 심판진 또는 플레이어의 신체나 지면 이외의
것에 닿은 볼.

FOUL TERRITORY(파울지역)

홈에서 1루 및 3루를 통하여 경기장 펜스 하단까지 이은 직선의
바깥부분.

FOUL TIP(파울 팁)

타자가 친 볼이 날카롭게 꺾여 직접 포수의 포구로 잡힌 볼. 포구
되지 못한 볼은 파울팁이 안된다. 파울팁은 스트라이크이며 볼 인플
레이이다.

GROUND BALL(그라운드 볼)

지면에 굴러가거나 또는 지면에 낮게 바운드된 타구.

HOME TEAM(홈팀)

어떤 팀이 자기의 구장에서 시합을 행하는 경우, 상대팀은 방문팀 이라고 부르는데 대하여 자기구장의 팀을 홈팀이라 칭한다.

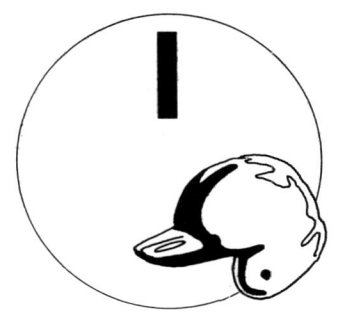

ILLEGAL OR ILLEGALLY
반칙
ILLEGAL PITCH(반칙 투구)
① 투수가 투수판을 밟지 않고 던진 투구.
② 침이나 흙 등 이물(異物)을 칠했거나 닦은 흔적이 있는 부정한 볼의 투구.
③ 주자가 루에 있을 때 투수가 이런 반칙투구를 하면 보크가 선언된다.

ILLEGALLY BATTED BALL(반칙 타구)
① 타자가 한쪽다리 또는 양쪽다리를 완전히 배터 박스 밖에다 놓고 친 타구.
② 타자가 규정 이외의 배트를 사용해 친 타구. 타자가 반칙 타구를 하면 아웃이 되고 주자도 진루 못한다.

INFIELD FLY(인필드 플라이)
무사나 1사일 때 주자가 1, 2루나 1, 2, 3루에 있을 경우, 타자가 친 플라이볼로(직선타구와 번트 결과 플라이가 된 볼은 제외) 내야수가 정상적으로 수비를 하면 충분히 잡을 수 있는 볼. 이 경우 내야수만이 아니라 내야에 위치하여 포구하면 외야수나 투수, 포수라 할지라도 상관없다.
심판은 타구가 명확히 인필드 플라이라 판단했을 경우에는 주자가 다음의 행동을 쉽게 취할 수 있도록 즉시 "인필드 플라이"를 선언하여야 된다. 심판이 이 선언을 하지 않을 경우 그 타구는 인필드 플라이로서의 효력을 발휘하지 못한다.

인필드 플라이가 선언됐어도 볼 인플레이기 때문에 주자의 2루 진루는 자유나 플라이볼이 잡히면 다시 원래 있던 루로 돌아와야 할 의무가 있어 이를 이행치 못했을 경우에는 보통의 플라이와 같이 아웃당할 염려가 있다.

인필드 플라이가 선언되면 타자는 아웃이다.

인필드 플라이가 루에 나가있던 주자에 닿았을 경우는 타자만 아웃이 되나 루를 떠나있는 주자에 맞으면 타자, 주자 모두 아웃이다.

내야수가 인필드 플라이에 병살(倂殺)을 노려 고의로 볼을 떨어뜨려도 타자만 아웃된다.

INNING(이닝, 회)

각 팀이 공격과 수비를 같이 교차해서 행하는 시합의 한 구분.

INTERFERENCE (방해)

① 공격측의 방해

공격측 플레이어가 플레이하고 있는 야수를 방해하며 혼란하게 하는 등의 행위. 심판진이 타자 주자 또는 주자의 방해로 인한 아웃을 선언한 경우에는 다른 모든 주자는 방해발생 순간에 이미 다음 루를 차지하고 있었다 할지라도 심판진이 판단하는 루로 돌아가야 된다. 단, 타구 또는 타구를 처리하려 하는 야수에게 공격측이 방해행위를 했을 경우는 타자 주자가 1루에 도착할 때 발생한 것인지 등에 상관없이 각 주자는 투수가 투구했을 때 차지하고 있던 루로 돌아가야 한다.

② 수비측의 반칙

투구를 치려고 하는 타자를 방해하거나 훼방하는 야수의 행위.

③ 심판진의 방해

ⓐ 포수의 송구동작을 주심이 훼방하거나 방해한 경우.

ⓑ 타구가 야수(투수를 제외)를 통과하기 전에 페어지역에서 심판진에 맞은 경우.

ⓐ 의 경우 → 볼 데드가 되어 각 주자는 진루 못한다. 단 방해
하는데도 상관없이 포수가 송구해 주자가 아웃되면 플레이
는 그대로 계속된다.

ⓑ 의 경우 → 볼 데드로 되어 타자는 주자가 되어 아웃될 걱정
없이 안전하게 1루에 진루할 수 있다.

④ 관중의 방해

관중이 스탠드에서 뛰어내려 경기장 안까지 들어와서 인플레이
상태인 볼에 맞았을 경우. 이 경우는 방해와 동시에 볼 데드가
된다. 심판진은 이 방해가 없었다면 어떻게 되었을까를 판단하
고 처리한다. 단, 펜스 근처에서 야수가 플라이볼을 잡았을 때
관중이 이를 방해했을 경우는 타자가 아웃이 된다. 야수는 펜
스에서 몸을 앞으로 내밀며 잡아도 좋으나 한쪽 다리는 경기장
안에 있는 것이 필요하다.(이럴 때 관중의 방해는 인정을 받지
않는다)

LEAGUE PRESIDENT(리그 회장)

리그회장은 정식룰을 시행하여 모든 논쟁을 해결하고 제소시합의 재정(裁定)을 하여야 된다. 또 정식룰에 위반된 플레이어, 코치, 감독, 심판진에 제재금 또한 출장정지의 제재를 가할 수 있다.

우리나라에서는 커미셔너(Commissioner)가 위의 직능을 수행한다.

LIVE BALL(라이브 볼)

인플레이의 볼

LINE DRIVE(라인 드라이브 · 직선타구)

타자의 배트로부터 예리하게 직선적으로 날으는 타구. 즉 라이너라고 한다.

MANAGER(매니저 · 감독)

자기팀의 행동에 책임을 갖고 팀을 대표하여 심판진 및 상대팀과 협의할 수 있게끔 팀에서 지정한 사람. 플레이어가 감독에게 선정되게끔 하는 일도 허용되어 있다.

① 팀은 시합개시 예정시각 30분 전까지 리그회장, 또는 해당시합의 주심에게 감독을 결정, 통보해 주어야 한다.

② 감독은 플레이어 또는 코치에게 리그의 규칙에 의하여 특별한 임무를 맡긴 것을 주심에게 통고할 수 있다. 이 통고가 있으면 지명된 대리인은 공식적으로 인정을 받는다.

③ 감독은 자기팀의 행동, 야구규칙의 준수. 심판에의 복종에 관하
여서 모든 책임을 갖는다.

④ 감독이 경기장을 이탈할 때는 플레이어 또는 코치를 자신의 대
리인으로 지명하지 않았거나 이를 거부한 경우에는 주심이 팀
의 일원을 감독의 대리자로서 지정한다.

MOUND(마운드)

투수판을 중심으로 한 직경 18피트(5.48m)의 원형의 장소. 투수
판은 홈 플레이트보다 10인치가 높다.

OBSTRUCTION(주루 방해)

야수가 볼을 가지고 있지 않을 때나 볼을 처리하는 행위를 하지 않고 있을 때 주자의 주루를 방해하는 행위

OUT(아웃)

수비측이 공격측으로 되기 위하여 상대팀을 퇴치하는데 필요한 3개 아웃의 하나

OVER SLIDE OR OVER SLIDING
(오버슬라이드 · 오버슬라이딩)

공격측 플레이어가 미끄러져 들어갔을 때 루로부터 떨어져서 아웃당할 위험에 처해 있는 상태.

PENALTY(페널티)

반칙행위에 대하여 적용되는 규칙. 예를 들면 투수가 반칙투구를 했을 경우는 보크가 선언되고 타자의 반칙타구에 대해서는 타자 아웃이 선언된다. 최악의 경우 심판진은 선수에게 퇴장을 선언할 수도 있다.

PITCH(피치 · 투구)

투수가 타자를 향해 던지는 볼

PIVOT FOOT(피봇 풋, 축족(軸足))

보통 투수의 축족(피처스 피봇 풋)을 말하며 투수가 투구할 때 투수판을 밟고 있는 다리를 말한다.

PLAY(플레이)

주심이 시합을 개시할 때 볼 데드 상태에서 경기를 재개할 때 쓰여지는 말.

PROTESTING GAME(프로테스팅 게임 · 제소시합)

심판진의 제정이 정식 룰에서 벗어나 빗나가고 있다 하여 감독이 심의를 청구하는 시합. 제소시합에 있어서는 리그회장의 제정이 최종의 일로 되어 있다.

QUICK RETURN PITCH

타자의 허를 찌르는 것을 의미하는 투구. 반칙 투구이다.

RETOUCH(리터치)

주자가 규칙에 의하여 귀루(루로 돌아가는 것)하여야 되는 그 루로 다시 가는 행위.

ROSIN BAG(로진 백)

소나무 송진의 분을 넣은 흰색인 작은 것으로 투수판의 뒤쪽에 공식적으로 놓여져 있다. 비가 내리고 있을 경우 심판진은 투수의 뒷주머니에 이것을 넣도록 지시한다. 로진 백은 미끄러움을 방지하는데 사용하나 볼이나 글러브에 직접 칠해서는 안 된다.

RUN OR SCORE(런, 또는 스코어 · 득점)

공격측의 플레이어가 타자에서 주자로 되어 1루, 2루, 3루, 홈의 순으로 각 루를 밟고 얻는 득점.

RUN DOWN(런 다운 · 협살)

루 사이에서 주자를 아웃시키려는 수비측의 행위.

RUNNER(런너 · 주자)

루를 향해서 달리는 공격측 플레이어

SAFE(세이프)

주자가 얻으려 하는 루를 점유할 권리를 주는 심판진의 선언.

SET POSITION(세트 포지션)

두개의 정규적인 투구자세 중 하나

SQUEEZE PLAY(스퀴즈 플레이)

3루에 주자가 있을 경우 번트에 의하여 주자를 득점시키려 하는 팀 플레이

STRIKE(스트라이크)

다음과 같은 투수의 정상적인 투구로 주심에 의하여 선언된 경우

① 투구가 스윙한 배트에 맞지 않았을 때.(번트의 경우도 포함)

② 타자가 치지 않은 투구 중 볼의 일부분이 스트라이크 존의 어느 한 부분으로 통과됐을 때.

③ 노스트라이크 또는 1 스트라이크 때 타자가 친 볼이 파울일 때.

④ 번트하여 파울로 됐을 때. 따라서 2 스트라이크에서의 번트 파울은 제3 스트라이크 아웃으로 된다.

⑤ 투구가 스윙한 배트에 맞지 않고 타자의 신체, 또는 유니폼 등에 맞았을 때.

⑥ 바운드 되지 않고 볼이 스트라이크 존에서 타자에게 맞았을 때.

⑦ 파울팁일 때.

SUSPENDED GAME(서스펜디드 게임 : 일시 정지시합)
후일 그 시합을 하기로 하고 일시정지된 시합

THROW(스로우 · 송구)

　어떤 목표를 향해 손 또는 팔로 볼을 던져 보내는 행위. 통상 투수의 타자에의 투구(피치)와는 구별된다.

TIME(타임)

　정식 플레이를 정지시키기 위한 심판진의 선언. 타임이 선언되면 볼 데드.

TOUCH(터치)

　플레이어 또는 심판진의 신체, 그의 옷 또는 용구의 어떤 부분에 맞으면 "플레이어 또는 심판진에 맞았다"고 함.

TRIPLE PLAY(트리플 플레이 · 삼중살)

　수비측 플레이어가 연속 동작으로 3인의 공격측 플레이어를 동시에 아웃시킨 플레이. 이때 플레이를 성사시키는 실책이 있었으면 트리플 플레이는 성립되지 않는다.

WILD PITCH(와일드 피치 · 폭투)

　포수가 보통의 수비행위로서는 처리할 수 없도록 높게 또는 아주 낮게 또 옆으로 빠지는 등등의 투구.

WIND-UP POSITION(와인드-업 포지션)

2개의 정규 투구자세 중의 하나.

야구, 재미있게 보는 법

PART

룰 실예편

제 1 장

플레이어, 경기장, 용구

1. 그라운드 룰

그라운드가 정규적인 곳이 아니라 여러가지 장애물이 있거나
혹은 펜스가 없는 데서 시합을 할 때는 어떻게 될 것인가?

  주심은 양팀의 감독을 불러 시합전에 그라운드 전용의 룰을 합의
로 결정할 필요가 있다. 양팀 감독의 의견이 일치가 안될 때는 주심
이 결정해도 좋다.
  이 그라운드 상태에 맞춘 특별한 룰을 그라운드 룰이라고 말한다.
여기에는 아래와 같은 사항들을 생각할 수 있다.
1. 외야 펜스가 없는 경우는 가능한한 정식의 거리(홈에서 250피트
   이상) 가까운 곳에 경계선을 설정한다.

2. 배수관 등 움직일 수 없는 장애물이 있으면 거기에 볼이 날아들 경우 볼 데드로 하여 각 주자는 1개 루까지만 진루가 된다고 정해 놓는다.

3. 파울 라인에서 그라운드의 경계선까지의 거리가 짧을 것같으면 페어의 타구가 빗겨 나가거나 또는 악송구가 경계선을 넘었을 때는 '원 베이스'로 한다고 정한다.

4. 외야 경계선까지의 거리가 짧은 경우에는 경계선을 넘어도 2루타 (주자는 2개의 루)로 정한다.

   이렇게 그라운드의 상태를 생각하여 특별 그라운드 룰을 결정해 놓는 것이 좋다.

2. 글러브 룰

> 외야수가 1루수용 글러브를
> 사용하고 있다.

　야수가 사용하는 글러브는 룰에서 규정되어 있는 것인데 심판진은
룰에 맞는 글러브와 바꾸게 한다. 그러나 정식 시합이 아닌 경우는
꼭 룰을 엄격히 적용하지 않아도 괜찮다.

3. 리스트 밴드

> 투수가 황색 또는 백색의
> 리스트 밴드를 하고
> 마운드에 섰다.

　부정한 것이며 심판진은 그 리스트 밴드를 하지 않도록 명령한다.
투수는 타자가 볼을 칠 때 혼돈을 초래할 수 있는 물건을 손, 팔, 손
목 등에 착용하면 안된다.

4. 백색 글러브

어떤 팀의 선수가 포지션을 정했는데 전원이 적색(赤色)과 백색(白色)의 글러브, 백색의 스파이크를 신고 있었다.

심판진은 투수에 대해서는 정식의 글러브를 바꾸도록 지시한다. 다른 선수는 상관이 없다. 투수에 관해서는 글러브는 한색(어느팀이고 같은 색으로)으로 되어 있고 색깔은 백색과 회색 이외로 정해져 있다. 스파이크는 어떤 색이나 상관없다.

5. 베이스

주자가 맹렬히 슬라이딩을 해 온 까닭에 베이스가 제자리에서 벗어나고 없는 상황에서 볼이 날아왔다.

베이스가 정위치에서 벗어났거나 낡았을 경우에는 플레이를 하지 않기로 되어 있다.

제 2 장

용어의 정의와 플레이

1. 페어볼 후의 타임

타자가 페어볼을 얻은 직후 타자 또는 팀의 일원이 타임을 요구했다. 심판진은 이 타임을 인정할 것인가?

심판진은 타임 요구를 무시하고 타자에게 먼저 1루에 가도록 지시한다. 타임을 요구하는 것은 타자가 1루에 진루한 후이어야 한다.

2. 고의 낙구 (故意 落球)

1사 1루에서 타자가 플라이를 쳤다. 그때 2루수가 고의로 볼을 떨어뜨리고 더블 플레이를 노렸다.

심판진은 즉시 타자아웃을 선언하고 1루 주자는 그대로 1루에 머문다. 이를 고의 낙구라 한다.

3. 주루 방해

> 주자 1, 2루 상황에서 타자가 2루를 통과하는 안타를 쳤다. 이
> 때 유격수가 2루 주자를 진루하지 못하도록 방해했다.

심판진은 볼이 돌아오고 플레이가 종료될 때까지 시합을 계속시킨
다. 플레이가 종료한 것을 살핀 후 타임을 선언하고 방해에 의한 주
자의 불이익을 없애도록 처리한다.

4. 포구

> 타자가 라이너성 타구를 날렸는데 2루수가 볼에 한번 맞은 뒤
> 볼을 잡지 못하고 뒤에 서있던 심판진에 맞았다. 이때 유격수가
> 그라운드에 떨어지기 전에 그 볼을 잡았다.

타자는 아웃이 아니다. 그 볼이 공격측의 일원, 또는 심판진에 맞
은 후 어디에 있던지 야수가 볼을 잡았어도 '포구'로는 인정이 안된
다는 룰이 있다.

5. 바운드된 투구

2사 주자 3루로 2 스트라이크 3볼의 상황. 투수가 던진 볼이 그라운드에 맞고 바운드되어 홈 플레이트를 넘었다. 타자는 헛 스윙, 이때 3루 주자가 홈을 밟았는데 타자는 1루에 가려고 하지 않았고 포수는 재빨리 볼을 잡아 피처에게 주었으며 모든 플레이가 끝났다.

타자가 도중에서 1루로 달려 1루에서 살았으면(수비측이 전원 물러났으니까 살 수가 있었다) 3루 주자의 득점이 인정된다. 타자가 덕아웃에 한발이라도 다리를 내딛었으면 자동적으로 아웃이 되어 득점은 인정되지 않는다. 수비측도 타자도 모르고 그대로 공수교대가 됐으면 수비측은 '타자 아웃'이라는 권리를 포기한 것으로 간주, 주심은 방금전의 그 타자를 1루에 보내고 2사 주자 1루(득점 1)로 플레이를 계속 시킨다.

6. 베이스에 맞았어도 파울

분명히 퍼스트 베이스가 파울라인 밖으로 나가 있었는데 타구가 이곳에 맞았다.

파울지역 안에 있는 베이스에 타구가 맞으면 파울지역에 굴러가도 파울이지만 파울지역에 베이스가 나가 있었는데 파울지역 쪽에 맞았으면 베이스에 맞았다고 할 뿐, 페어볼은 아니다.

심판진은 베이스가 빠져나가지 않도록 언제나 주의를 기울여야 한다.

7. 페어냐 파울이냐

플라이가 파울지역에 일단 떨어진 후 페어지역으로 굴러들어갔다.

ⓐ의 경우 홈, 1루 간의 페어지역 안으로 들어갔기 때문에 페어볼.
ⓑ의 경우(떨어진 것이 1루보다 뒤쪽) 파울볼. ⓐⓑ

8. 파울 팁 때의 도루

> 주자 1루에서 타자가 친 볼이 파울 팁이 되었다.(a) 포수가 이
> 볼을 잡으려 하다가(b) 다시 떨어뜨렸다. 주자는 2루에 진루.

(a)의 경우 스트라이크로 인정되어 다른 스트라이크의 경우와 같
이 생각할 수 있다. 따라서 주자는 2루 도루를 성공한 것으로 기록된
다.

(b)의 경우는 주자는 1루에 되돌아와야 한다.(파울 팁을 잡지 못
했을 때는 파울볼로 '볼 데드' 상태이다)

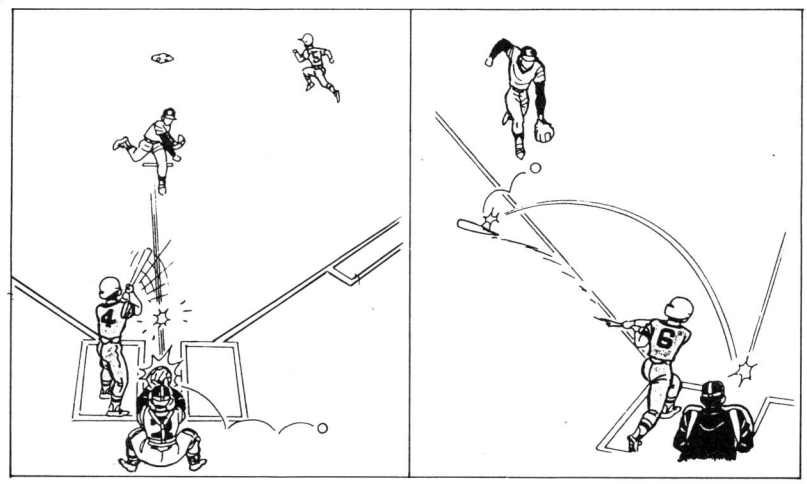

9. 부러진 배트에 타구가 맞았다

> 타격 때 배트가 부러져 볼이 3루 방향 파울지역으로 굴러가다
> 가 배트의 파편(破片)에 맞아 3루수 앞에서 페어지역에 들어갔
> 다. 3루수가 이 볼을 잡아 타자가 1루에 도착하기 전에 송구했다.
> 파울볼이며 타자는 아웃이 아니다.

10. 인필드 플라이에서의 득점

1사 1·2루 상황에서 타자가 인필드 플라이볼을 쳤다. 주자는 동시에 스타트. 그런데 2루수는 이 볼을 잡지 못하고 2인의 주자는 홈 플레이트를 밟아 버렸다.

타자는 인필드 플라이를 쳤으니 아웃이지만 주자는 아웃을 각오하고 진루해도 좋기 때문에 뛰었다. 이 2인의 주자는 득점으로 인정.

11. 스트라이크

스트라이크는 반드시 볼 전체가 스트라이크 존을 통과해야만 되는 것일까?

반드시 전체가 통과할 필요는 없다. 상하 좌우 모두 조금씩이라도 스트라이크 존을 통과했다면 스트라이크이다.

12. 도루 중 파울

무사 1·3루, 투수는 투수판 위에서 세트 포지션을 취했다. 1루 주자는 2루로 뛰었다. 1루 주자는 2루에 안착, 타자가 그때 파울볼을 쳐 볼은 스탠드에 떨어졌다.

1루 주자는 투수의 투구 당시 차지하고 있던 1루에 되돌아 간다.

13. 타격 도중에서의 대타

2 스트라이크 1볼에서 코치(또는 감독)가 대타를 낼 결정을 했다. 코치는 어떻게 처리하고 대타자는 어떤 카운트에서 타석에 들어서나? 그리고 만일 삼진을 당하면 어느쪽 타자에게 삼진으로 기록될 것인가?

심판진에 타임을 요구해 대타의 뜻을 전하여야 된다. 대타자는 2-1의 카운트부터 시작된다. 삼진을 당하면 본래의 타자에 삼진이 기록된다.

2인 이상의 타자가 동일타석에서 3진을 당할 경우에는 2 스트라이크를 빼앗긴 타자에게 기록된다.

14. 포스 플레이 - 1

2사 만루, 타자가 3루 땅볼, 2루 주자가 눈앞에 와 있어서 3루 수는 태그를 하려 하다가 2루 주자가 도망가고 런 다운 플레이가 시작됐다. 그 사이 3루 주자가 홈 플레이트를 밟고 그뒤 2루 주자는 3루에 도달되기 전 태그 당해 제3 아웃이 되었을 때.

제3 아웃은 포스 아웃이기 때문에 3루 주자는 득점으로 인정이 되지 않는다.

15. 포스 플레이 − 2

1사 만루, 타자가 1루 땅볼, 1루수가 재빨리 1루를 밟고 타자를 아웃시킨 다음 2루에 송구했다. 이 사이 3루 주자가 본루를 밟았다. 유격수는 이후 2루 앞에서 1루 주자를 태그하고 제3 아웃이 되었다.

1루수가 타자를 아웃시킨 것으로써 포스의 상태는 없어지고, 2루에서의 아웃은 포수 아웃 상태가 아니다. 3루 주자는 2루에서의 제3 아웃보다 먼저 본루를 밟았으므로 득점으로 인정.

16. 볼 터치(촉구 · 태그)

1루수가 1 · 2루 간의 타구를 잘 잡아내 1루로 뛰어 들어갔는데 타자 주자가 가까이 와 있기 때문에 슬라이딩하면서 글러브를 끼지 않은 손으로 1루 베이스를 찍었다. 타자 주자가 1루에 도달하기 보다 빠른 상황이었다.

볼을 가진 채 신체를 루에 대는 행위를 태그라 부른다. 타자 주자는 아웃.

제 3 장

시합 완료

1. 콜드 게임의 선언

> 몇회인가를 마쳤는데 비가 오기 시작했다. 심판진은 상황을 더 지켜보기 위해 게임을 중단하고 있었으나 30분이 경과하면 콜드 게임을 선언하여야만 되지 않을까?

심판진은 그라운드의 상태가 플레이하는데 불가능하다고 확신이 들면 콜드게임을 선언해도 좋다. 30분을 기다려도 판단이 서지 않을 때 더 기다리는 것은 상관없다.

2. 콜드 게임의 정식 시합

> 도중에서 중단된 시합이 정식 시합으로 인정되는 것은 꼭 5회 공·방을 마친 시합이 아니면 안되는 것일까?

5회까지 마친 상태라면 6회 이후 중단은 정식시합이 성립된다. 다음 2개의 시합은 완전히 종료되지 않아도 정식시합으로 인정된다.
1. 5회를 종료한 후 또는 5회 도중 중단된 시합으로 후공팀의 득점이 선공팀보다 많은 경우.
2. 5회 중 후공팀의 득점이 선공팀의 득점과 동률이 되었을 때 중단된 경우(타이게임).

3. 만루시 사구 밀어내기에 의한 시합 완료

9회 동점인 상태. 만루에서 타자가 베이스 온 볼스(포볼)를 얻었다. 타자는 이겼다고 생각하고 1루에 진루하지 않았다. 2사 상황에서의 이 결승점은 수비측이 1루에서 어필하면 취소되는 것이 아닐까?

2사 만루에서 밀어내기로 결승점을 올렸을 때 타자가 1루에 진루하지 않았을 경우, 수비측의 어필을 기다리지 않고 주심은 타자 아웃을 선언하고 시합속행을 지시한다.

4. 홈런에 의한 시합완료

9회(또는 연장회)동점 2사 주자 1·2루 상황. 타자가 굿바이 홈런을 쳤는데, 신이 나서 타자가 그만 1루 주자를 제치고 말았다. 그래도 시합완료가 되는가? 아니면 제3 아웃이 돼 득점무효가 되는가?

굿바이 홈런이기 때문에 루에 있던 각 주자에게는 안전 진루권이 보장되었으나, 이 경우 전위의 주자(2루 주자)가 제3 아웃(타자가 1루 주자를 추월한 시점)보다 앞서서 홈에 도달했는지의 여부가 관건이다.

2루 주자의 홈 도착이 그보다 빠르면 시합은 종료되나, 더 늦었다면 동점으로 연장전으로 이어진다.

제 4 장

볼 데드
(시합의 중단)

1. 아파도 아웃

> 제3 스트라이크 때 타자가 헛스윙하면서 배트를 놓치고 그 볼
> 이 자기 팔에 맞았다. 아웃인가? 파울인가? 사구인가?

타자 아웃이고 볼은 데드 상태다. 공인 야구 규칙의 6·05(f)「2
스트라이크 후 타자가 쳤으나(번트 경우도 포함) 투구가 배트에 맞
지 않고 타자 몸에 맞았을 경우 타자는 아웃으로 된다」라고 한 조항
이 이 경우 적용된다.

2. 반칙 타구(反則 打球)

> 주자 1루 상황에서 타자가 배터 박스에서 다리를 내밀고 휘둘
> 렀으나(a) 헛치고(b) 파울이나 페어를 기록했다.

원칙적으로 (a)의 경우 포수의 송구를 방해하지 않았으면 타자의
반칙타구는 아니며 (b)의 경우 타자 아웃으로 주자는 1루로 돌아와
야 한다. (a)의 경우라도 포수가 각 루에 송구하는 것을 타자가 방해
했으면 타자 아웃, 또 그 방해와는 상관없이 주자가 아웃되었을 때는
방해는 무시당한다. 다른 주자가 홈인하려 하는 상황에서 이같은 방
해행위를 타자가 행하였을 경우는 2사후이면 타자 아웃, 무사 또는
1사이면 주자가 아웃이 된다.

3. 심판의 송구 방해

1루 주자가 2루 도루를 시도했을 때 포수의 송구를 심판이 방해했다.

주자가 아웃이 되지 않았을 경우, 주자는 방해 전에 있던 루로 돌아가야만 된다. 방해하였음에도 포수가 주자를 아웃시키면 물론 그 아웃은 유효.

4. 타구가 심판진에 맞았다

주자 1·3루에서 타자가 친 볼이 심판진에 맞았다. 그 심판은 (a) 3루수 뒤쪽의 페어 그라운드에 있었다. (b) 투수의 뒤쪽 2루수 앞에 있었다.

(a)의 경우 볼 데드가 아닌 인 플레이 상태. (왜냐하면 볼이 야수를 통과하고 있었기에)

(b)의 경우 볼이 투수에 맞지 않았으면 데드 상태로 되어 각 주자는 본래의 루로 돌아가던가 진루하여야 하는 루에 진루. 즉 이 경우 3루 주자는 그대로, 타자는 1루에, 1루 주자는 그로 인해 2루에 가게 된다.

5. 타구가 주자에 맞았다 - 1

2루에 주자가 있는 상태에서 타자가 친 볼이 번트수비를 하고 있던 3-유간(三遊間)을 날아 주자에 맞고 볼은 파울 지역으로 굴러가 버렸다. 유격수는 번트수비 때문에 이 볼을 처리하지 못했다.

타구는 내야수를 통과했으나 주자에 볼이 맞은 곳이 야수의 뒤가 아니므로 주자는 아웃이다.

6. 타구가 주자에 맞았다 - 2

주자 2루에서 타자가 깊은 수비를 펴고 있는 유격수쪽으로 타구를 날렸다. 유격수가 이 볼을 떨어뜨렸는데 달려오던 주자에게 맞았다.

그 전에 야수에 볼이 닿았으므로 무시된다.

7. 타구가 주자에 맞았다 - 3

타자가 친 볼이 주자에 맞았으나 주자는 그때 (a) 2루와 3루 간, (b) 2루 베이스 근처에 있었다.

(a), (b) 공히 주자 아웃.

8. 볼을 교환할 때는 데드 상황인가?

심판이 타임을 걸고 볼이 플레이에 부적당하다고 판단해 포수에게 볼을 건네주었다. 이때는 볼 인플레이 상태인가?

심판의 타임 선언은 다음 투수가 볼을 가지고 심판이 플레이 볼이라 선언할 때까지 이어진다. 따라서 이 상황은 아직 데드 상태이다.

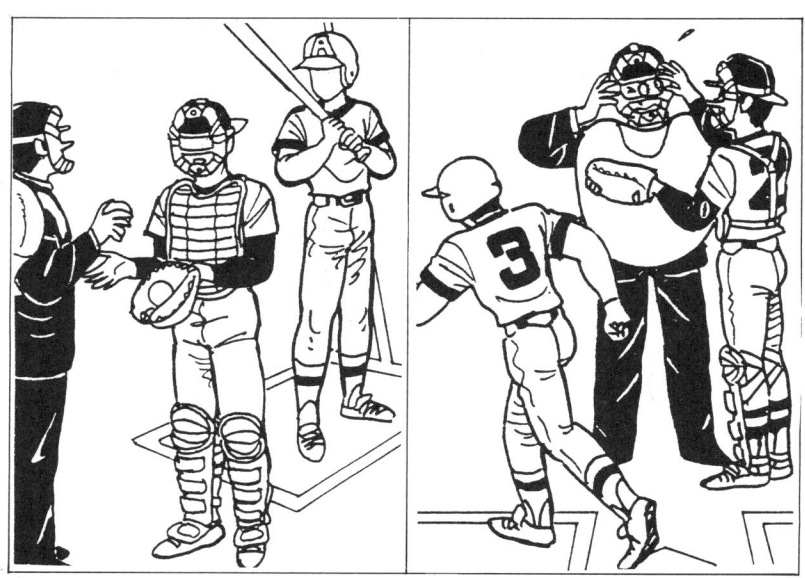

9. 볼이 심판의 마스크에 꽂혔다

2사 만루로 카운트는 2 스트라이크 3볼. 다음 투구에서 타자가 배트를 휘둘렀으나 헛 스윙. 이때 볼이 포수를 통과, 심판의 마스크에 꽂히고 말았다.

심판의 마스크에 끼어 머문 순간에 볼은 데드다. 타자는 1루에, 주자는 각각 1개의 루로 진루, 무사나 1사이면 타자는 아웃이고 주자는 한개씩 진루한다.

10. 포수의 용구에 볼이 꽂혔다

제3 스트라이크의 투구를 포수가 받지 못하고 자신의 프로덱터와 몸 사이에 볼이 꽂혔다. 타자는 1루로 뛰어갔고 포수가 볼을 빼려할 사이 2루까지 뛰었다.

포수의 마스크, 프로덱터, 유니폼 등에 볼이 맞고 끼워져 있을 경우는 볼 데드다. 타자는 1루에만 진루하게 되어 있다.

11. 포수의 타격 방해

> 주자 2·3루, 3루 주자가 득점하려고 해서 포수가 배트의 끝선
> 에 닿았거나 홈 플레이트의 위를 밟고 투구를 포구했다.

포수의 타격방해이다. 3루 주자가 득점하려 하고 있으면 3루 주자
득점이고 타자는 1루에, 2루 주자는 3루를 향해 달리고 있을 때만 3
루에 진루되나 스타트하고 있지 않았을 때는 2루에 머문다.

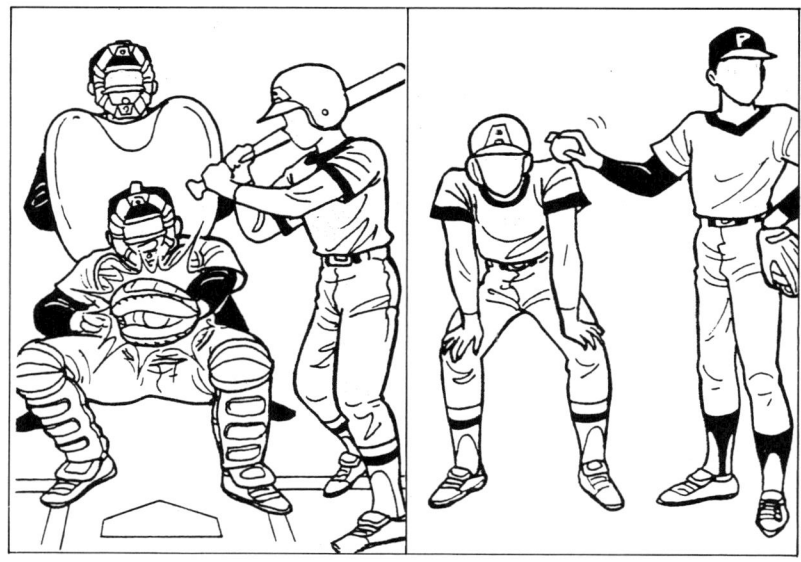

12. 트릭 플레이

> 타자가 (a)사(死)구 (b)사구(四球·포볼) (c)안타로 1루에
> 나간 후 1루수가 볼을 숨기고 있다가 주자가 루에서 벗어나 있을
> 때 태그(터치·촉구)했다.

(a)의 경우 심판이 "플레이 볼"을 선언할 때까지 볼은 데드 상태
이므로 플레이는 무효, (b)와 (c)의 경우는 아웃

13. 타임 - 1

만루에서 타자가 센터쪽에 깊은 플라이를 쳤다. 이 볼을 우익수와 중견수가 서로 잡으려다 충돌, 2인이 다 상처를 입었다. 모든 주자가 홈인하려고 하였는데 수비측에서 득점을 못하게 하려고 타임을 요구했다.

플레이어가 부상했을 때는 볼 데드 상황이 아니다. 플레이가 전부 완료되지 않는 한 타임은 인정이 안된다.

14. 타임 −2

> 심판진은 요구해오면 언제나 타임을 인정해야만 되는 것인가?

정당한 이유(예를 들면 플레이어의 교체 등)가 없는 한 심판진은 요구해 왔다 해도 타임을 선언할 필요는 없다.

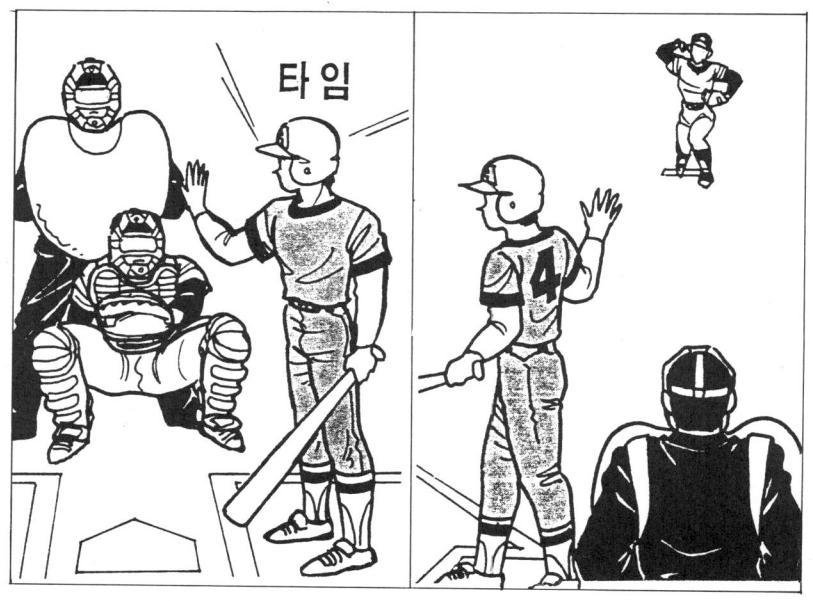

15. 타임 −3

> 투수가 투구모션을 취하고 있는데 타자가 타임을 요구하지 않고 배터 박스에서 나왔다.

심판은 투수의 투구에 의하여 볼이나 스트라이크를 선언한다. 눈에 먼지가 들어갔다던가 하는 특별한 사태가 있어도 투수가 투구동작을 취한 후에는 타자는 제멋대로 배터 박스를 벗어날 수 없다. 심판쪽에서도 타임을 선고할 수 없다.

16. 어필의 시기(時期)

최종회 공격측의 결승 주자가 홈 플레이트를 밟았지만 심판진은 이 주자가 3루를 밟지 않았다는 것을 알고 있었다.

양팀은 시합종료 인사를 하기 위하여 홈 플레이트 사이에 정리했다. 이때 3루수가 주심에게 볼을 요구하여 이 볼을 받아 3루에 달려가 베이스를 찍었다.

3루심은 그 어필을 인정하고 득점을 취소하고 시합을 속행시킨다. 시합완료 때에는 주심의 게임완료 선언이 있을 때까지 어필권은 남는다.

17. 볼 데드 상황에서의 아웃

2루에 뛰어들어가던 주자가 더블 플레이를 피하려고 볼, 또는 2루수에게 방해를 했다. 이때 심판진이 타자와 이 주자를 둘다 아웃시킨다면 볼 데드 경우에는 어느 플레이어도 아웃이 아니라고 한 규정에 어긋나는 것이 아닌가?

1루 주자의 방해로 볼 데드 상태가 되지만 더블 플레이를 저지하려고 분명히 방해를 했다면 타자도 아웃시킬 수 있다는 룰이 있다.

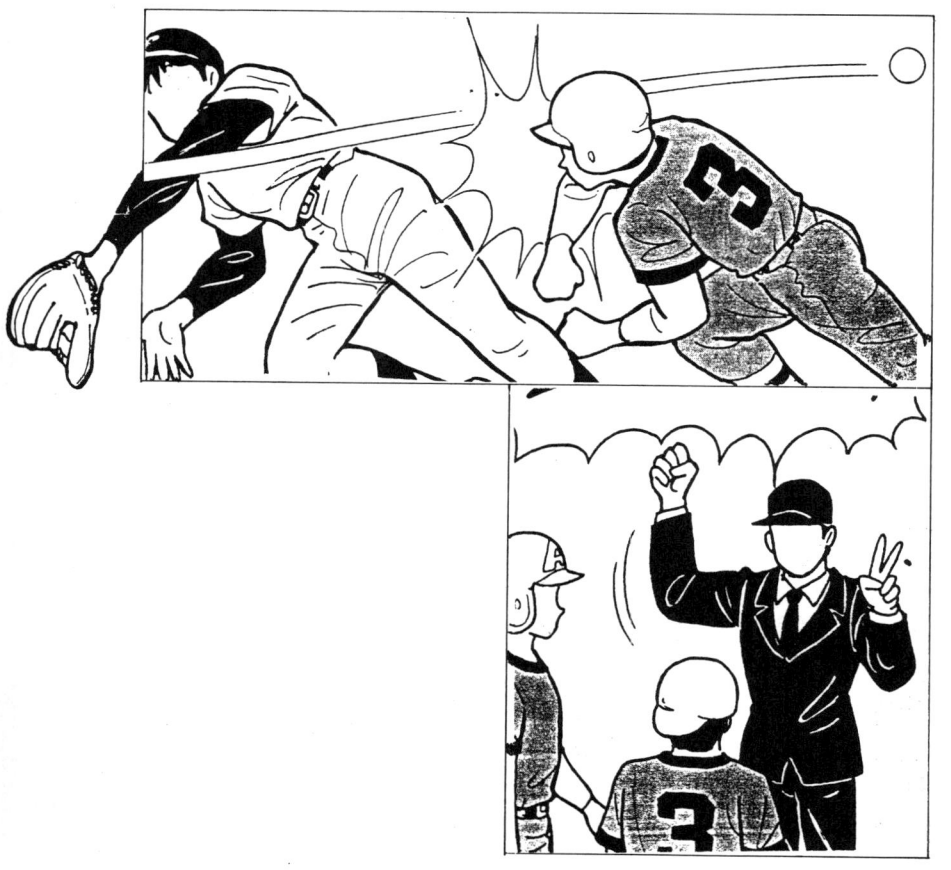

제5장

투수와 투구

1. 보크라도 타자는 출루인가?

주자 3루, 타자는 2스트라이크 3볼의 카운트, 투수는 보크를 저질렀으나 이를 무시하고 그대로 던졌다. 볼은 포수의 머리 위를 통과, 주자는 홈 플레이트를 밟았고 타자는 1루에 진루했다.

사구(四球)로 타자는 1루에 진루해도 선행 주자가 없으므로 사구는 취소, 보크로 3루 주자는 홈인, 타자는 2스트라이크 3볼 카운트부터 다시 타석에 선다.

2. 반칙투구는 언제나 볼인가?

부정한 투구는 언제나 볼로 판정되는 것일까?

언제나 볼은 아니다. 주자가 있는 경우의 반칙투구는 볼이 아니라 보크다. 주자가 없을 경우에는 타자가 히트, 실책, 사사구(四死球)로 1루에 진루했을 경우는 반칙투구와 관계없이 플레이는 진행이 된다. 주자가 있을 때는 보크인데 타자가 안타 등으로 1루에 진루해, 다른 주자도 1개루씩 진루하면 반칙투구와는 무관하게 플레이는 진행된다.

3. 투구와 송구

> 투수가 피칭모션을 취하려는 찰나 3루 주자가 홈스틸을 시도
> 했다. 투수는 당황해 다리를 투수판에서 떨구면서 포수에게 송구
> 했다. 타자는 이 볼을 쳐도 좋을 것인가?

투수가 투수판에서 뒤로 다리를 비켜서서 볼을 던져서는 안된다
는 사실을 확실히 알면서도 타자가 이 볼을 쳤을 때에는 주자는 아
웃, 타자는 다시 치게 된다.

4. 반칙투구를 부정하게 쳤다.

> 주자 2루 상황에서 투수가 세트 포지션에서 완전한 정지(靜
> 止) 동작을 취하지 않고 투구해 버렸다. 이 볼을 타자가 배터박
> 스에서 센터방면 안타를 쳤다.

최초의 반칙(투수의 반칙투구)에 대해 보크가 된다. 즉 주자는 3
루에 진루, 타자는 볼, 스트라이크 카운트대로 타석에 재차 들어간
다. 만일 주자가 없을 때는 타자는 부정투구에 대해 한개의 볼을 얻
는다. 볼데드 상황에서 타자가 쳤으니까 어찌됐든 타자는 출루도 하
지 않고 페널티를 받지도 않는다.

5. 반칙타구와 주루방해

주자 1루 상황에서 타자가 친 3루 땅볼이 반칙타구였다. 주자
는 2루에 진루하려 했으나 2루수가 방해를 했다.

타자가 부정으로 볼을 쳤을 때 볼 데드가 되어 타자는 아웃, 주자
는 1루로 되돌아온다.

6. 스트렛치
(팔을 길게 펴는 상태)에서의 송구 −1

주자 2루 상황에서 투수가 팔을 길게 뻗으며 정지(靜止)했다.
그리고 3루쪽으로 다리를 내어 밟으며 3루 도루를 시도 중이던 2
루 주자를 아웃시키기 위하여 3루에 송구했다. 보크일까?

보크는 아니다. 플레이의 목적이라면 주자가 없는 루에 송구해도
보크는 아니다.

7. 스트렛치에서의 송구 - 2

주자를 1루에 두고 투수는 세트 포지션을 취했다. 팔을 스트렛
치하여 정지를 하지 않은 상태에서 1루쪽으로 다리를 내딛고 1루
에 송구했다.

부정이 아니다. 정지가 필요한 것은 타자에게 투구할 때이다.

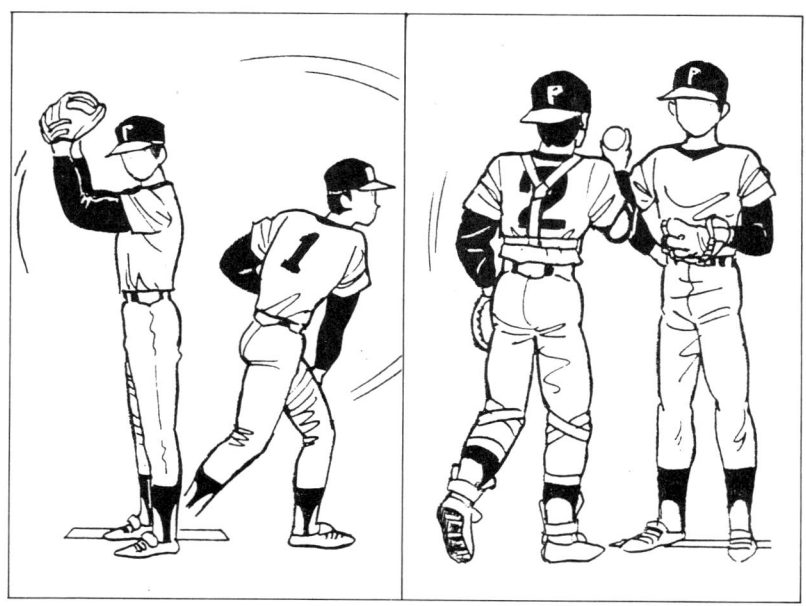

8. 투수와 포수의 미팅

포수가 마운드쪽으로 볼을 갖고 걸어가 투수와 미팅을 갖기 시
작했다. 게임의 지연행위가 아닌가?

시간을 끌기 위한 목적이 분명한 경우를 빼고는 이런 행위는 페널
티를 받지 않으며 다만 너무 길게 걸리는 경우에는 심판이 플레이
재개를 촉구할 수는 있다.

9. 투구가 주자에 맞았다

2스트라이크인 상황에서 3루 주자가 투구와 동시에 홈스틸을 시도, 투구가 주자에게 맞았다. 그때 상황은 (a)볼이 스트라이크 존에 들어가거나 들어가려고 할 때 주자의 다리가 홈 플레이트 위에 있었다. (b)확실하게 주자가 홈 플레이트를 밟기 전에 볼에 맞았다.

(a)의 경우 스트라이크로 타자는 아웃이나 제3아웃일 때는 득점이 인정이 되지 않고 무사나 2사일 경우에는 득점으로 인정,(b)의경우 보크가 선언되어 주자는 진루가 인정된다.

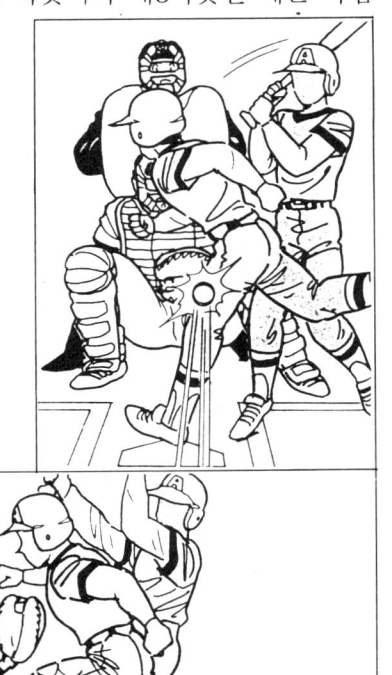

10. 보크-1

주자 1·3루, 투수가 스트렛치해서 정지 상태에 들어갔다. 이 때 3루 주자에게 어깨로 견제 모션을 취하거나 볼에서 한쪽 손을 떨구고 3루로 팔만 돌린 채 볼은 던지지 않았다. 그러다가 다리를 3루 방향으로 내딛지 않고 돌연 1루로 던졌다. 보크일까?

보크다. 세트 포지션에서는 어깨만 움직여도 보크다. 3루로는 다리를 내밟으며 송구하는 척 하다가 송구를 중지해도 좋으나, 세트 포지션 상태에서는 볼에서 한쪽 손을 떨어뜨리면 보크다.

11. 보크-2

주자 1·2루, 투수는 스트렛치해서 정지한 상태 (a)2루 방향
에 다리를 내밟고 송구하는 흉내를 했다(혹은 송구하였다). (b)
투구 동작 도중 1루 또는 2루쪽으로 머리나 어깨를 움직이며 페
인트 동작을 취했다.

(a)의 경우 정석 플레이이며 (b)의 경우는 투구동작을 중단했다
는 이유로 보크.

12. 보크-3

주자 1·3루, 투수는 투수판 위에 축족을 놓고 한쪽 다리를 투
수판 앞에 놓은 자세로 3루로 송구한 후 그 다리를 3루 방향으로
내딛었다.

보크다. 투수는 루에 송구하기 전 그 루의 방향으로 다리를 내딛
어야만 된다.

13. 보크-4

주자 1·2루, 투수는 왼손잡이다. 세트 포지션을 취하고 스트
렛치해서 완전히 정지했다. (a)그리고 축족(軸足)이 아닌쪽의 다리
를 완전히 지면에서 떨구고 투수판의 뒤쪽에서 뒤로 움직여 2루
주자를 나오게 하기 위하여 1루에 던졌다. (b)그대로 동작을 이
어 2루에 던지거나 혹은 던지는 흉내를 했다.

(a)는 보크다. 발끝이 투수판을 넘으면 타자에 투구하여야만 한
다. (b)의 경우 축족이 아닌 다리의 움직임이 이의 동작 중에 머물
지 않는 한 바른 플레이이다.

14. 보크-5

주자 1루에서 투수는 1루와 홈의 사이에 다리를 내딛으면서 1
루에 송구했다.

보크다. 공인 야구규칙에 있는 8.05의 브크로 되는 경우, 「C. 투
수판에 붙어 서 있는 투수가 루에 송구하기 전 다리를 직접 2루의 방
향에 내딛지 않았을 경우」가 이런 경우에 적용되는 것이다. 이 투수
는 1루에 송구하면 정확히 1루 방향에 다리를 내딛고 송구하여야만
되는 것이다.

15. 보크-6

주자 1루, 투구자세로부터 투수는 2루 또는 3루에 던지는 흉내
를 내던가, 또는 실제로 송구했다. 주자는 다음 루에 진루하려고
시도하지는 않았다. 보크인가?

보크다. 주자가 없는 루에 송구하는 흉내를 내거나, 송구하는 일
은 부정(不正).

16. 보크 - 7

주자 1 · 2루, 투수는 투수판에 발을 놓지 않고 스트렛치했다.
보크다.

17. 보크 - 8

주자가 있는 상황에서 야수가 볼을 감추고 있었다. 투수는 볼
을 가지고 있지 않으면서도 투수판에 다리를 모아놓고 있었다.

보크다. 볼을 가지고 있지 않으면서 투수판에 다리를 모아놓고 있
던가 하는 등의 제스츄어는 부정.

18. 보크 – 9

투수가 주자 2루에서 세트 포지션에서 완전한 정지(靜止)에 들어가지 않고 투구하였다. 타자는 안타를 치고 안전하게 1루에 진루했으나 2루 주자는 3루를 돌고 홈에서 아웃됐다.

2루 주자도 3루에는 진루를 했기 때문에 보크는 무시된다.

따라서 2루 주자의 홈에서의 아웃은 인정된다.

19. 보크-10

투수가 투수판에서 2루에 송구하는 흉내를 했다. 타자에 등을
돌린 상태에서 투구했다.

타자를 정면으로 보지 않은 채 투구한 까닭으로 보크다.

20. 보크-11

투수가 세트 포지션에서 양손을 떨구고 축족을 투수판에서 떨
어지게 했다.

보크다. 투수는 양손을 같이 모은 상태에서 축족을 떨구어야 된
다. 그후 양손을 내려야 된다.

21. 보크-12

> 주자 1루, 투수는 투수판에 발을 붙이고 스트렛치를 시작하였
> 는데 볼을 떨어뜨렸다. 보크인가?

보크다. 투수판에 발을 붙인 투수가 볼을 떨구면 던지려고 한 것
이 아니라도 보크가 된다.

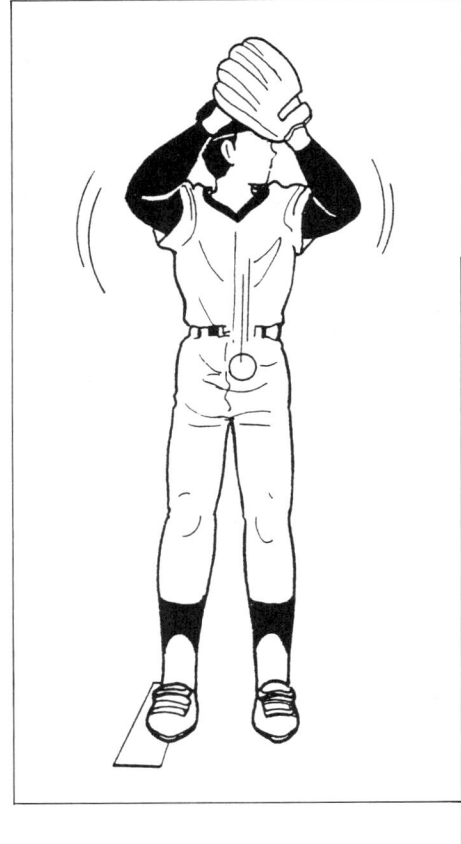

제 6 장

타자와 타격

1. 타순의 틀림 - 1

> 주자 1루에서 7번 타자 순서인데 8번 타자가 잘못알고 배터 박
> 스에 들어섰다. 이를 상대가 발견한 것은 (a)8번 타자가 2스트라
> 이크를 빼앗기고 나서인데 (b)사구(四球)나 안타로 1루에 나간
> 후 (c)8번 타자가 파울을 치고 그것이 잡힌 후 (d)9번 타자 제1
> 구가 끝났을 때였다.

  (a)의 경우 다시 7번 타자가 2스트라이크의 카운트를 이어 받아
타격을 해야 한다. 더욱이 8번 타자가 잘 모르고 타석에 들어 갔을
때는 1루 주자 도루나 투수의 폭투로 2루에 진루해도 올바른 진루로
인정된다.

  (b)의 경우와 (c)의 경우는 7번 타자에게 아웃이 선언, 8번 타자
는 재차 노-스트라이크 노-볼 상황에서 타석에 임한다. 2루에 진루
한 주자도 1루로 귀루, (d)의 경우는 그대로 시합이 진행된다. 7번,
8번 타자도 다음 타순이 돌아올 때까지 타석에 들어갈 수가 없다.

2. 타순의 틀림 -2

> 7번 타자가 5번 타자의 타순인데도 타석에 들어섰다. 카운트 2 스트라이크 3볼인 상황일 때, (a)5번 타자가 (b)3루수가 (c)상대의 코치가 (d)7번 타자 자신이 타순의 틀림을 발견했다면?

어떤 경우에도 2스트라이크 3볼의 카운트를 이어받아 타석에 임한다.

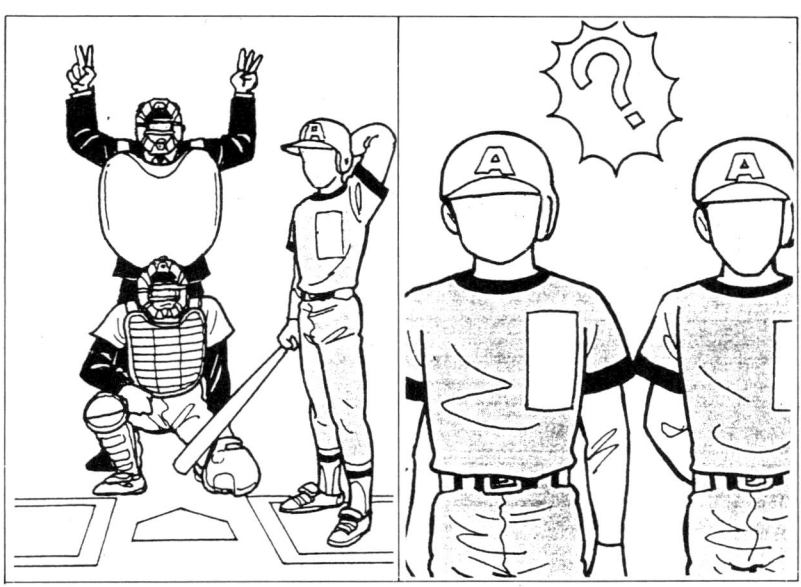

3. 타순의 틀림 -3

> 타순은 1번 2번 3번 4번이었는데, 1번 차례에 3번이 배터 박스에 들어섰다. 이 상황은 누구도 알지 못했다.
> 다음 타자는 2번일까? 4번일까?

4번이다. 왜냐하면 3번에 이어 타순은 4번이니까. 1번과 2번은 다음 타순이 돌아올 때까지 타석에 들어서지 못한다.

4. 타격자세와 스트라이크존

스트라이크존의 고저(高低)는 룰 2.73으로 지정되어 있다. 타자가 이 존을 좁게 하려고 몸을 앞으로 구부리고 자세를 취하였다면?

스트라이크존은 보통의 스탠스를 취했을 때의 자세로 판단한다. 따라서 어떤 경우에도 존은 변함없다.

5. 타자가 배터 박스에 들어서지 않으려 한다

타순이 되었는데도 타자가 배터 박스에 들어서려고 하지 않는 경우는 그만큼 시합진행이 늦어진다. 주심은 어떻게 할 것인가?

주심이 재촉해도 타자가 배터 박스에 들어서지 않는 경우 주심은 투수에게 투구할 것을 지시하고 그 투구가 스트라이크가 아니었어도 "스트라이크"를 선언한다. 이 투구가 3번 이루어지면 타자는 아웃.

6. 손에 맞고 페어

타자 카운트 2스트라이크 3볼, 다음 타자가 친 볼이 오른손에 맞아 페어지역으로 굴러갔다. 포수는 재빨리 볼을 잡아 1루로 송구, 1루수는 볼을 잡아 1루에 뛰어오는 타자를 태그했다.

타자 아웃, 볼이 타자의 오른손에 맞았을 때 이미 볼은 데드이다. 주자가 있으면 원래의 루로 돌아간다.

7. 타자 방해 - 1

주자가 3루로 도루하려고 할 때 타자는 홈 플레이트에서 서성 대면서 포수가 3루에 송구하는 것을 방해했다.

방해에도 불구, 주자가 3루에서 아웃이 되면 그 방해는 없었던 것으로 간주, 볼 인플레이, 주자가 아웃이 되지 않으면 타자가 아웃이고 무사나 1사이면 볼 데드 상태로 되어 모든 주자는 원래의 루로 돌아가야 된다.

8. 타자 방해 - 2

무사 2·3루에서 3루 주자가 홈스틸을 시도했다. 이때 타자가 포수 플레이를 방해해서 무사히 3루 주자는 홈 플레이트를 밟았다. 볼을 떨군 포수는 3루에 진루하려는 2루 주자를 아웃시키려고 3루에 송구했고··· 카운트는 제3스트라이크 또는 사구(四球)로 되기 직전이었다.

볼 데드, 3루 주자는 아웃이고 2루 주자는 다시 2루로 되돌아가고 타자는 그대로 타격을 계속한다.

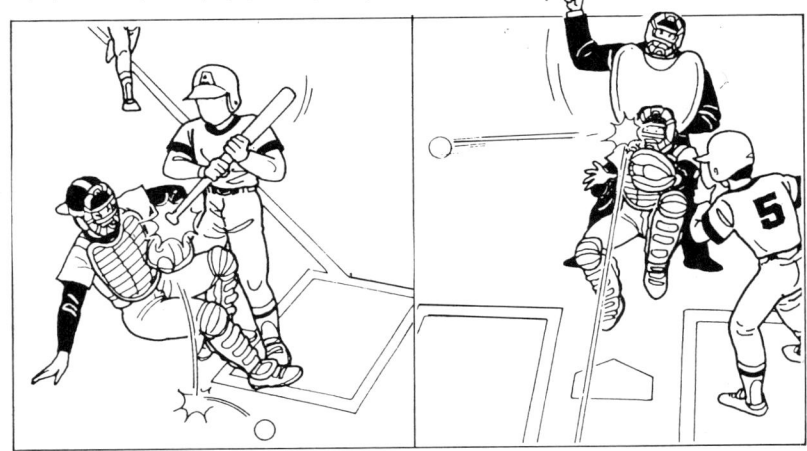

9. 히트 앤드 런 (치고 도망가기 - 1)

1루가 비어 있고 포수는 제3스트라이크째 공을 빠뜨렸다. 볼은 그대로 덕 아웃으로 들어갔다. 투구가 덕 아웃에 들어가면 주자는 1개 진루가 허용되기 때문에 타자는 2루에 진루할 수 있는 것이 아닌가?

1루까지 가는 것이 1루 진루한 것으로 된다. 사구(四球)째의 투구가 같은 상태에 있어도 타자는 1루까지만 진루가 허용된다.

10. 히트 앤드 런 (치고 도망가기 −2)

> 무사, 또는 1사 주자 1루로 타자는 2스트라이크에서 다음 투구
> 를 헛쳤다. 포수는 볼을 떨어뜨렸으나 즉시 1루에 송구, 그러나
> 악송구가 되었다.

무사 또는 1사(死)때 포수가 볼을 떨어뜨려도 타자는 아웃이다.
타자가 아웃이 아니라고 잘못 생각하고 1루에 달려간 경우는 본 헤
드 플레이가 된다. 포수가 악송구를 했어도 1루 주자는 이 악송구 덕
분에 진루할 수 있다.

11. 반칙 타구가 되는 것일까?

> 스퀴즈 플레이 때 타자가 높은 볼을 껑충 뛰어 오르면서 번트
> 를 댔다. 이때 양다리가 배터박스 밖으로 나갔으나 공중에 있었
> 고 배트에 볼을 맞추고는 배터 박스 밖으로 양다리가 떨어졌다.

한쪽 다리라도 배터박스 밖 지면에 완전히 붙이고 배트를 댔으면
반칙타구이지만, 다리가 배터 박스 밖에 나와 있었어도 지면에 붙어
있지 않았을 때 번트를 댔기 때문에 반칙 타구가 아니다.

12. 인필드 플라이 - 1

심판진이 "인필드 플라이"를 선언했으나 볼이 파울 지역에 떨어졌다.

역효과로 된 셈, 즉 보통의 파울 플라이이며 인필드 플라이로는 되지 않았다. 만약 파울이 포구되지 못했으면 타자는 아웃이 되지 않으며 볼을 잡았으면 주자는 루에 다시 돌아가야 한다.

13. 인필드 플라이 - 2

무사주자 1 · 2루, 타자가 친 볼이 홈과 1루간 플라이, 1루수는 햇빛 때문에 눈이 부셔 높이 뜬 볼을 잘못보고 포구에 실패, 볼은 홈과 1루간 파울지역에 떨어졌으나 페어지역으로 굴러갔다. 투수가 볼을 잡아 1루 커버에 들어간 2루수에게 송구, 2루수는 1루에 태그한 후 루를 벗어나 있는 1루 주자에게도 태그했다.

심판진이 인필드 플라이를 선언하거나 안하거나 2사로 된다. 타자, 1루 주자도 같이 아웃.

14. 투구가 바운드되어 타자에 맞았다

투구가 그라운드에 맞고 타자에게 맞았다.

타자에게 1루가 얻어진다. (단 볼을 피하려 하지 않았으면 볼이 선언된다.)

15. 페어 타구가 타자에게 맞았다

쳤거나 번트를 댄 자신의 타구가 튀어 1루로 달리려 하는 타자 다리에 페어지역에서 맞았다. 그러나 한쪽 다리는 아직 배터 박스 안에 남아 있었다.

타자 한쪽 다리가 아직 배터 박스 안에 있을 때는 타구를 맞은 곳이 페어지역이었어도 타자는 아웃이 되지 않는다.

16. 스리 번트 아웃 경우의 진루

주자 2루 때 타자는 2스트라이크에서 3-번트를 시도했는데 파울 볼, 볼은 (a)포구되지 않았다. (b)포구되었다. 이때 2루 주자는 (a)의 경우 볼이 데드되기 전에 (b)의 경우 잡히기 전에 3루에 진루했다. 그대로 있어도 좋은가?

주자는 2루로 돌아가야 된다. (b)의 경우 파울볼이 잡혔기 때문에 타자는 아웃이 되고 볼은 데드가 아니다. 루로 돌아오기 전에 2루에 태그가 되면 이 주자는 아웃이다.

제7장

주자와 주루

1. 보크는 적용이 안되는 것일까?

> 주자 1루, 타자는 보크인데도 모르고 안타를 쳐 1루 주자는 2
> 루를 돌아 3루까지 진루했다. 그러나 2루를 밟지 않고 그냥 돌기
> 만 하여 어필을 당해 아웃이 되었다. 이 경우 1루 주자는 2루에
> 서 포스 아웃당한 꼴이 되기 때문에 보크라는 페널티가 우선되
> 는 것이 아닐런지?

1루 주자가 2루를 그냥 통과했기는 해도 이 경우는 한개의 루를
진루했다고 볼 수 있기 때문에 보크와는 관계없이 플레이는 진행된
다.

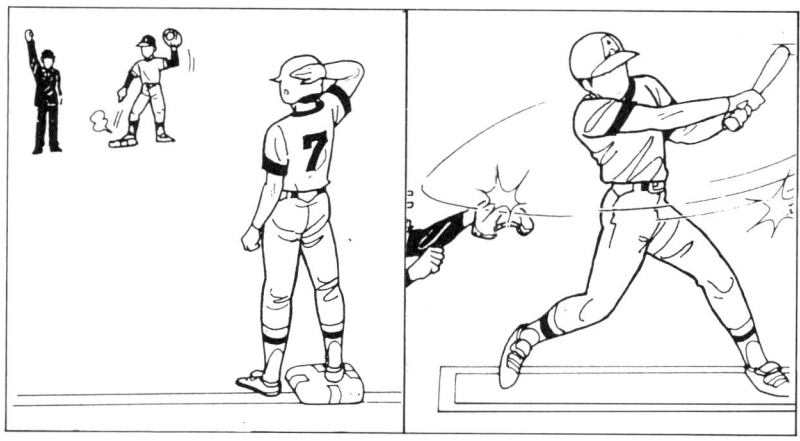

2. 타격 방해로 되지 않는가?

> 주자 2루 상황에서 타자에게 포수의 방해가 있었으나 타자는
> 상관치않고 안타를 쳤다. 타자는 1루에 무사히 도착했으나 주자
> 는 홈에서 아웃당했다.

타격 방해는 무시된다. 왜냐하면 2루 주자는 3루에 가 있었다. 2
루주자가 3루에서 홈까지 시도한 것은 그 자신 아웃을 각오하고 있
었기 때문이다. 홈에서의 아웃은 인정된다.

3. 1루수가 투구를 커트

주자 3루, 투수의 와인드업 순간 공격측이 스퀴즈 플레이를 시
도했다. 주자는 홈에 전력 질주, 이때 그 번트를 처리하려고 홈에
대쉬하던 1루수가 피칭된 볼을 도중에서 커트해 주자를 그대로
태그했다.

포수의 방해와 같이 취급, 1루수가 투구에 부딪치면 볼 데드로 되
어 주자는 홈인, 타자는 1루 진루가 얻어진다.

4. 페어 타구가 파울지역에서
심판진에게 맞았다

주자 3루, 타구가 1루에 맞고 방향을 바꾸어 파울 그라운드에
굴러가다가 야수를 통과하기 전 심판진에 맞았다.

타구가 심판진에 맞은 곳이 파울 지역이면 볼 인플레이로 3루 주
자는 홈인 인정.

5. 악송구와 어필

주자 1루, 타자가 친 볼이 우익선상 안타, 1루 주자는 2루를 돌아 3루로, 우익수는 3루로 송구하였는데 그만 악송구가 되어 스탠드로 볼이 들어갔다. 그 악송구가 우익수의 손에서 떨어졌을 때 1루 주자는 2·3루간에 있었기 때문에 홈인, 그러나 2루를 돌 때 루를 바로 밟지 못했다.

1루 주자가 3루를 밟기 전에 2루에 돌아가 다시 밟고 3루에서 홈 까지 들어오면 득점, 그러나 1루 주자가 3루를 먼저 밟으면 2루를 다시 밟을 수 없다. 그대로 홈으로 뛰어들 수밖에 없으나 2루에서 어 필당했으면 득점은 취소.

6. 주자가 타구에 맞았다 - 1

> 타구가 투수를 강습하여 투수는 글러브를 갖다 대었으나 크게 튀어올라 타구가 2루수 쪽으로 가서 2루로 진루 중이던 1루 주자의 다리에 맞았다.

일단 투수나 내야수에 맞은 후 페어볼이면 주자가 맞았어도 아웃은 아니고 볼 인플레이다. 2루수는 이 볼에 대하여 수비할 수 있고 주자도 타자도 전력질주하여야 한다.

7. 주자가 타구에 맞았다 - 2

> 유격수 땅볼, 유격수는 전진해 처리하려 했으나 불규칙 바운드된 볼은 유격수 머리 위를 넘어 바로 뒤쪽을 달리고 있는 주자에게 맞았다.

내야수에 맞지 않고 그의 양쪽다리 사이, 옆 또는 머리 위를 통과한 페어볼에 바로 그 뒷쪽에서 주자가 맞았어도 다른 내야수가 그 타자를 수비할 기회가 없었기 때문에 주자는 아웃이 안되고 볼 인플레이다.

8. 주자가 타구에 맞았다 - 3

주자 1루, 타자는 2루 땅볼, 1루 주자가 2루로 뛰다가 2루수 앞에서 타구가 발에 맞았다. 그러나 튀어오른 타구를 2루수가 잡아 4-6-3의 더블플레이를 성공시켰다.

내야수를 통과하기 전에 타구가 주자에 맞았기 때문에 1루 주자는 아웃, 볼데드가 된다. 따라서 2루수의 그 후의 수비는 무효, 더블플레이는 취소, 타자는 안타가 기록되고 1루가 얻어진다.

9. 주자의 수비방해 - 1

주자 1 · 2루, 타자가 친 볼은 3루 방향, 이때 2루 주자가 3루수 앞에서 타구에 맞거나 또는 3루수의 수비를 방해하는 순간인데 그의 수비방해 전에 1루 주자가 2루에 먼저 도착했다.

2루 주자는 아웃, 1루 주자는 투구 당시 있었던 루(1루)에 되돌아가야 한다. 또 2루 주자가 고의로 더블플레이를 막으려고 한 것이라면 타자도 아웃이다.

10. 주자의 수비방해 − 2

> 1사 만루, 타자가 친 볼이 유격수 땅볼, 타구는 2루 주자에 맞
> 았고 수비측은 3루 주자를 홈에서 잡지 못했다. 3루 주자 · 2루
> 주자 두사람 같이 아웃일까? 그렇지 않다면 득점이 인정될까?

투구 당시 있던 루에 각 주자는 되돌아 가야 되기 때문에 득점은
없다. 2루 주자는 아웃, 이것이 병살(併殺)을 방해한 것이라면 타자
도 아웃.

11. 타자주자의 수비방해

> 무사 1 · 2루, 타자가 번트를 댔으나 플라이 볼(인필드 플라이
> 는 아님), 1루수가 전진하여 잡으려 했는데 타자는 더블 플레이
> 를 저지하려고 1루수에 부딪혀 볼을 떨어뜨렸다.

타자 주자와 2루 주자가 아웃, 더블 플레이를 저지하기 위하여 고
의로 타자 주자가 방해했을 경우 더블 플레이가 어디에서 행해지려
했는지에 관계없이 타자 주자와 홈에서 가장 가까운 주자가 아웃
된다.

12. 야수의 주루방해

주자 1・2루에서 타자가 내야 안타를 쳤다. 2루 주자는 3루를 돌아 홈으로 향했으나 3-홈 사이에서 걸리고 말았다. 이때 3루 수의 주루방해가 있었으나 무사히 3루로 돌아갈 수 있었다. 그러 나 3루에는 이미 1루 주자가 있었다. 3루수는 1루에서 뛰어든 주 자에게 태그했다.

협살플레이 때는 주루방해가 있는 순간 볼 데드 상태가 되어 주자 가 원위치에 돌아가려 해도 1개 루씩 진루된다. 이때 방해받은 주자 는 홈인이 인정되고 협살플레이 중 3루에 오고 있던 1루 주자도 3루 점유를 인정받는다.

13. 포수의 주루방해

홈 플레이트 옆에 포수가 자리를 잡고 볼이 송구되어 오는 것을 기다리고 있다. 주자는 3루를 돌아 홈에 전력질주하여 쇄도하던 중 포수와 충돌했다. 그리고는 태그당했다.

포수가 볼을 기다리고 있지 않을 경우, 볼을 플레이하려 하지 않는 경우는 베이스라인에 서 있으면 안된다. 볼을 잡으려고 하는 직전이 아니면 주루방해가 되어 주자에게 홈인이 인정된다.

14. 볼에 글러브를 던져서 맞추었다

주자 1・2루, 타자가 친 볼은 3루 앞 땅볼, 유격수는 볼을 잡아 2루를 밟고 1루 주자를 포스 아웃 시켰으나 1루에 악송구하여 1루수가 글러브를 던져서 그 볼을 맞추어 잡았다.

글러브를 던져 맞추어 잡았을 때 주자에게는 2개의 루가 얻어진다.

15. 손에서 글러브가 빠져나와 볼에 맞았다

타자는 3루수 머리 위를 넘어가는 라이너성 타구를 날렸다. 3루수는 점프해 잡으려 했는데 그만 글러브가 빠져 볼에 맞았다.

심판진이 그 글러브가 고의로 던져진 것이 아니라고 판단이 되면 페널티는 아니다. 고의라 판단되었다면 타자에게는 3루가 얻어진다.

16. 투수의 송구가 스탠드에…

주자 1루, 투수가 주자를 아웃시키려고 던진 볼이 스탠드에 들어갔다. 그것은 (a)축족을 투수판 위에 놓고 던진 것이다. (b)축족을 투수판의 뒤쪽에서 떨구고 던진 것이다.

(a)의 경우 주자는 2루가 얻어진다.

(b)의 경우 투수는 야수로 된다고 보아져 주자는 3루까지 진루.

17. 펜스를 넘어간 2루타

히트 앤드 런 사인이 나왔다. 이때 타자가 친 타구가 바운드되어 우익 펜스를 넘었다. 이때 1루 주자는 이미 2루를 돌고 있었다.

펜스를 넘어간 2루타는 타자는 홈에서부터, 주자는 1루(투수의 투구 당시의 루)에서 2개의 루로 본다.

18. 볼이 덕 아웃에서 멈추었다

주자가 있었는데 볼이 덕 아웃 속으로 들어가 버렸다. 그것은
(a)우익수가 송구한 것. (b)투구가 포수의 무릎에 맞고 굴러간
것. (c)3루수가 플라이 볼을 잡으려 하다 넘어져 굴러간 것인 경
우 어떻게 될 것인가?

  (a)의 경우는 우익수의 송구가 손에서 떨어져 나간 그 시간에 각
      주자의 위치를 기준으로 2개의 루를 인정.
  (b)의 경우는 투수의 투구 당시의 각 주자의 위치에서 1개의 루
      를 인정.
  (c)의 경우 페어 플라이 볼 때는 투수의 투구 당시의 각 주자 위
      치에서 2개의 루가 인정된다.
파울 플라이볼의 경우는 볼이 떨어짐과 동시에 볼 데드.

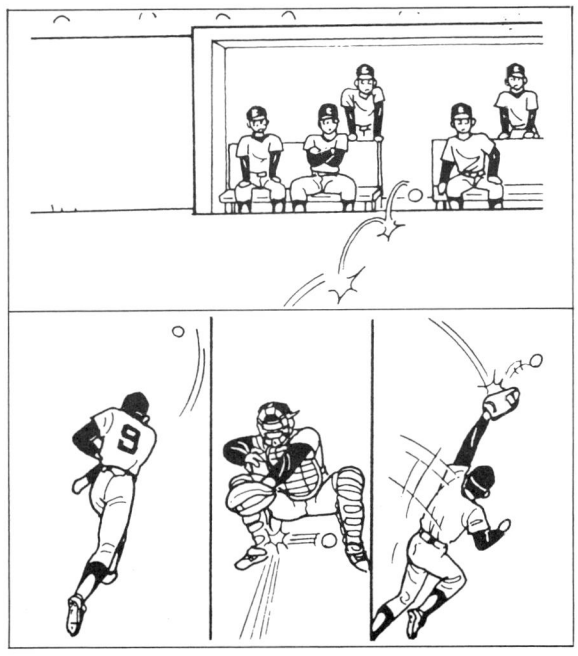

19. 송구가 스탠드에…

2사 주자 1루에서 타자에의 제3 스트라이크를 포수가 떨어뜨려 볼이 1루선까지 굴러갔다. 그 사이 타자는 1루에 무사히 진루했으며 다시 또 진루하려 했다. 투수가 이 볼을 잡아 3루에 던져 주자를 아웃시키려 했으나 악송구로 그만 스탠드에 들어가고 말았다.

주자와 타자는 투수가 악송구 때 그 볼이 손에서 떨어져 나갔을 순간에 위치했던 루에서 2개의 루가 얻어진다.

20. 송구가 덕 아웃에 들어갔다

주자 1·2루, 타자가 친 볼이 3-유간 땅볼, 유격수가 이 볼을 바로 앞에 떨구고 재빨리 잡아 1루에 송구하였는데, 악송구 이 사이 1·2루 주자는 2·3루에 진루하고 있었는데 3루 주자가 홈을 노렸다. 1루수는 다급하여 홈에 송구하였는데 이 볼이 덕 아웃으로 들어가 버렸다.

두 사람의 주자에는 홈인이 인정되고 타자는 3루까지 진루.

21. 폭투를 포수가 백 네트에 꽂아버렸다

2 스트라이크 3 볼 카운트에서 다음 투구가 폭투(타자사구(四球))가 되어 백 네트쪽으로 전전(轉轉)했다. 이것을 쫓아가 잡으려던 포수의 스파이크에 볼이 맞아 그만 백 네트에 들어가 버리고 말았다.

투수의 투구가 백 네트에 들어갔을 경우는 타자, 주자 공히 1개의 루가 얻어지는 것이 원칙이나, 이와 같이 포수가 백 네트 등 시합 정지로 되는 장소에 볼을 집어 넣었을 경우는 타자, 주자에 2개의 루를 허용하게 되어 있다. 타자는 사구(四球)로 1루에 또 2루까지 진루한다.

22. 2개의 루가 얻어진다 - 1

타자가 친 볼이 땅볼, 3루수가 타구를 잡아 1루에 송구하였는데 악송구가 되어 스탠드에 들어갔다.

타자는 2루까지 진루한다. 내야수가 타구를 잡아 재빨리 1루에 던진 것이 악송구가 되어 스탠드에 들어갔다. 투수의 투구 당시의 위치를 기준하여 타자와 주자는 2개의 루가 얻어지게 된다.

23. 2개의 루가 얻어진다 — 2

주자 1루, 타자가 친 볼이 3—유간 깊은 내야 안타, 주자는 2루에 타자도 1루에 진루하고 있었다. 유격수가 급한 나머지 1루로 볼을 뿌렸으나 악송구, 볼이 스탠드에 들어갔다.

타구를 처리한 내야수의 최초 플레이가 이와 같이 타자가 1루에 진루하고 주자도 다음 루로 진루한 후의 송구인 경우, 그 악송구가 내야수 손에서 벗어났을 때는 각 주자의 위치를 기준하여 2개의 루가 얻어진다. 1루 주자는 홈까지 타자는 3루까지 진루.

24. 태그(터치·촉구)를 피한다 — 1

1루 주자가 도루하려고 하다가 1·2루 간에서 협살당하는 상황, 2루수의 태그를 피하기 위하여 주자는 루 사이를 이은 라인에서 외야쪽으로 3피트 이상 벗어나 도망치려 했다.

루 사이를 잇는 라인(실제로는 1—2 간 및 2—3루 간 라인을 그려 놓지는 않는다. 있다고 상상할 뿐이다)에서 좌우 어느쪽이든지 야수의 태그를 피하기 위하여 3피트 이상 벗어나면 주자는 아웃이다.

25. 2개의 어필 플레이

1사 1·2루에서 타자가 친 볼이 센터―오버로 보았는데 중견수가 볼을 잡았다. 2루 주자는 3루를 돌아 홈에 뛰어들어오고 있었는데 3루를 정확하게 밟지 못했다. 1루 주자는 1루로 되돌아가지 않고 그대로 3루까지 뛰어가고 있었다. 수비측은 1루로 볼을 던져 어필한 후 다시 3루로 던져 역시 어필을 했다.

이 경우는 수비측이 어느 쪽을 아웃시키느냐에 따라 득점이냐 무득점이냐가 판별된다. 2루 주자를 먼저 아웃시켜 득점을 무효화시키는 것이 순서다.

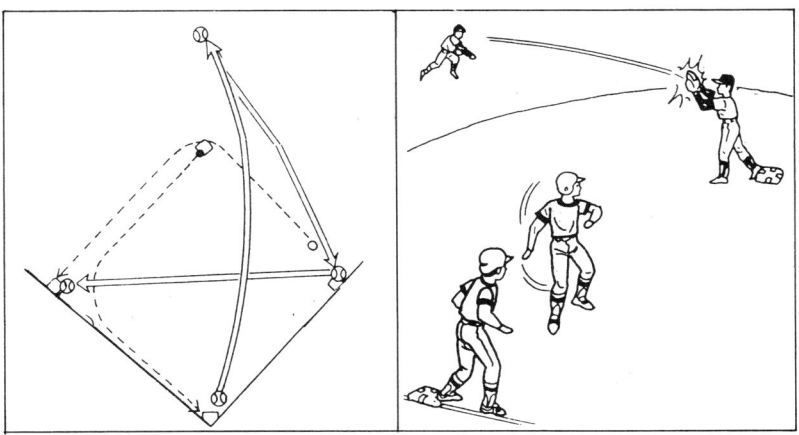

26. 제3아웃과 득점

1사 2·3루에서 타자가 친 볼이 큰 센터 플라이, 3루 주자는 3루에 머물렀는데 2루 주자는 3루수 앞까지 전진하고 있다. 볼은 먼저 2루로 송구되어졌다.

2루에서의 아웃으로 제3아웃이 성립된다. 그러나 이 상황은 포스아웃이 아니니까 이 사이 3루 주자가 득점하고 있으면 인정.

27. 만루에서 4구(四球)에 의한 득점

> 2사 만루에서 타자가 사구를 얻었다. 3루 주자가 홈플레이트를 밟기 전 1루 주자가 2루에 진루한 후 루에서 벗어나 아웃이 되었다.

사구가 선언되었을 때 3루 주자가 홈인을 했으니까 이 득점은 인정된다.

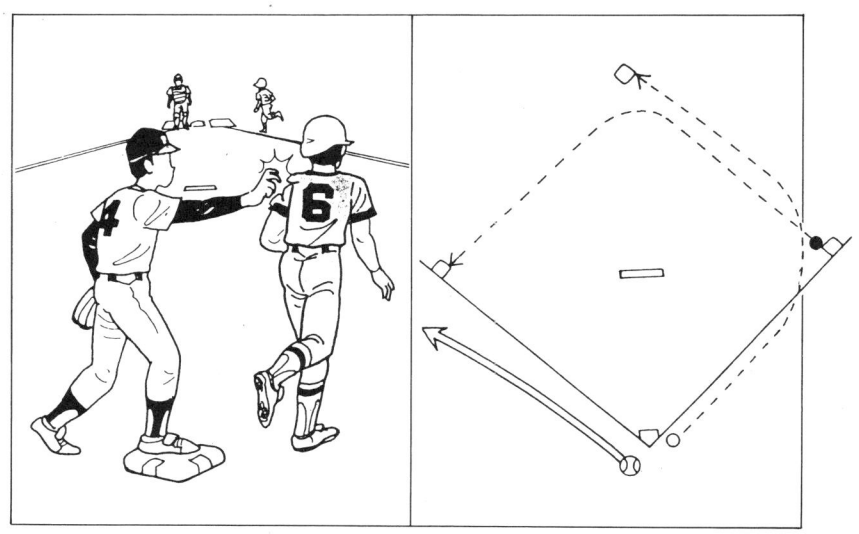

28. 어필 플레이에 의한 제3아웃과 득점

> 2사 1·3루에서 타자가 사구(四球)를 얻었다. 포수가 3루에 송구하였는데 악송구, 그 사이 (a)1루 주자는 2루를 잘 밟지 않고 3루에 진루 (b)타자는 1루를 잘 밟지 않고 2루에 진루했다.

정식으로 밟지 않던 간에 어필이 없으면 (a)는 포스 아웃에 의한 제3아웃 (b)는 1루에 도착할 때까지의 제3아웃으로 (a)(b)공히 득점은 인정이 되지 않는다.

29. 수비방해와 득점

> 무사 만루에서 타자가 2루 땅볼을 쳤다. 2루가 가깝기에 볼을 잡은 2루수는 (a)2루를 밟고 1루 주자를 포스 아웃시켰는데 이 때 주자가 2루수의 1루에의 송구를 방해했다. (b)2루를 커버하고 있던 유격수에 송구, 유격수는 2루를 밟고 1루에 송구하려고 하였는데, 1루에서 달려온 주자의 방해를 받았다. (a)(b)어느쪽이든 3루 주자는 홈을 밟았다.

『(a)(b)모두 아웃된 주자가 야수의 다음 행동을 방해했다』라고 하는 룰에 해당된다. 이 경우 타자는 아웃으로 선언당하지만 각 주자는 방해 발생의 순간 전 차지하고 있던 루로 돌아가게 되어 있다. 3루주자가 방해 이전 홈인했다면 득점, 그렇지 않았다면 3루로 되돌아간다. 2루 주자도 같다.

30. 베이스를 밟지 않았어도 안타라고 기록되는가?

타자가 좌익선상 2루타를 쳤다. 그러나 급한 나머지 1루 베이스를 제대로 밟지 않아 어필을 당해 아웃을 선언당했다. 어떻게 기록이 되나?

아웃, 타자는 안타로 기록되지 않는다.

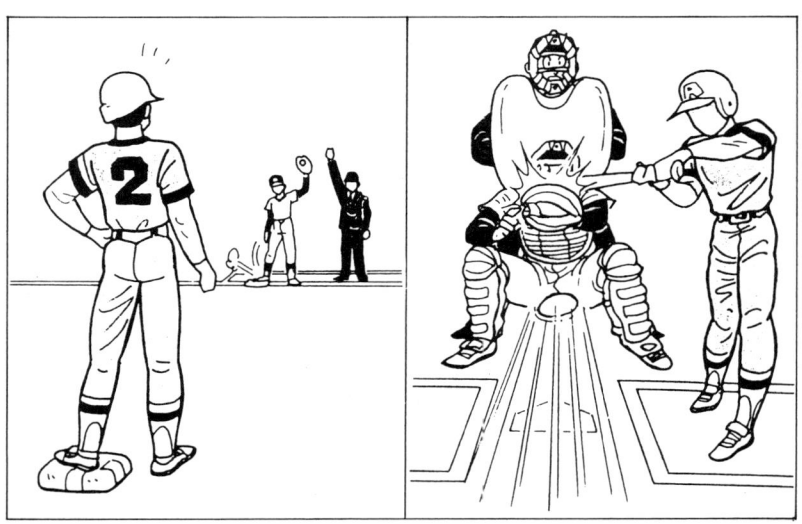

31. 포수의 타격 방해는 기록상 무엇으로 되는가?

타자가 치려 했을 때 포수가 배트에 닿았다. 기록은 어떻게 되는가?

포수 에러로 기록된다. 타자에게는 1루가 얻어지나 타수에는 들어가지 않는다. 방해출루의 항(項)에 타자명(포수명)을 기입한다.

32. 안타로 기록되지 않는 안타

타자가 우익선상 안타를 쳤다. 우익수가 원바운드로 이 볼을 잡았다. 이 사이 1루 주자는 3루로 향하고 있었으나 2루를 밟지 않고 스쳐갔기 때문에 우익수는 2루에 송구, 2루수가 어필을 했다. 어떻게 기록되나?

주자는 9-4간 포스 플레이로 아웃, 타자는 안타로 기록되지 않는다.

33. 훔치지 않아도 도루

주자가 투수의 속임수에 현혹돼 1·2루 사이에서 협살을 당할 상황에 이르렀으나 세이프가 되었다. 재치있게 2루로 슬라이딩 도루라고 기록되는 것일까?

도루이다.

부록

야구총론

1. 게임의 정의

• 야구(Baseball) : 펜스(Fence)로 둘러싸인 다이아몬드 지역
과 그 외의 지역으로 이루어진 경기장에서 감독이 지휘하는 9명의
선수로 된 두 팀 사이에서, 한 명 이상의 심판원과 규칙에 의해 이
루어지는 경기이다.
• 각 팀은 상대팀보다 많은 득점을 얻어 승리하는 것을 목적으로
한다.

2. 게임의 준비와 심판

① 홈 팀의 감독만이 일기상태를 비롯한 경기장의 상태가 게임을 하는 데 적합한가를 결정하는 권한을 갖고 있다.

다만 더블 헤더의 둘째 게임의 경우는 예외다.

모든 일정이 소화되지 않은 채 리그의 최종 순위가 실제의 승패 결과에 의하지 않고 결정되는 일이 없도록 하기 위하여 마지막 몇 주간 그 리그에 한하여 홈팀 감독의 권한이 커미셔너에게 옮겨져 전적으로 주어질 수 있다.

이를테면 선수권 게임의 마지막 주에 두 팀간의 게임을 연기하거나 또는 거행하지 않는 것이 리그의 최종 순위에 영향을 미칠 염려가 있을 때는 그 리그 소속팀의 요청에 따라 홈 팀의 감독에게 주어져 있는 권한을 커미셔너가 갖게 되는 것이다.

② 더블 헤더의 제1게임에서는 주심만이 일기 및 경기장의 상태가 더블 헤더의 제2게임을 하는 데 적합한지의 여부를 결정하는 권한을 갖는다.

③ 주심만이 게임중 일기 및 경기장의 상태에 따라 게임을 일시정지시키거나 일시정지 뒤 게임을 개시시키거나 일시정지 후 그대로 중단하느냐를 결정하는 권한을 갖고 있다. 이때 주심은 플레이를 중단한 후 최소한 30분이 지날 때까지는 게임의 중단을 명해서는 안된다.

그리고 주심은 플레이 개시의 가능성이 있다고 확신하면 일시정지상태를 연장할 수도 있다. 주심은 어떠한 경우에도 게임을 완료하도록 최선을 다하여야 한다. 게임 완료의 확신이 있으면 주심은 그 권한에서 30분간의 일시정지를 재차 반복하더라도 어디까지나 게임을 완료할 가능성이 없을 경우에만 게임의 중단을 선언해야 한다.

　심판이 게임을 정지시킬 때는 일단 타임을 선언해야 한다.　주심
이 플레이를 선언하였을 때에 정지상태가 끝나고 경기는 재개된다.
　타임의 선언부터 플레이의 선언까지 사이는 볼 데드 상태이다.
　●게임중에는 유니폼을 착용한 선수와 코치 및 감독, 홈 팀에서
공인받은 보도사진반, 심판원, 제복을 입은 경관 및 홈 팀의 경비
원, 기타 종업원 이외의 사람은 경기장 안에 들어오지 못한다.
　경기장 안에 입장이 공인된 사람이 게임을 방해하였을 경우, 그
방해가 고의가 아니면 볼 인플레이이다. 그러나 경기에 참여하는
공격측 팀의 선수나 코처스 복스에 있는 코치나 심판들은 그렇지
않다.

고의적인 방해일 경우는 방해와 동시에 볼 데드가 되고, 심판은 만일 방해가 없었더라면 경기가 어떠한 상태가 되었을 것인가를 판단하여 볼 데드 후 어떤 조치를 취해야 한다.

방해 행위의 고의성 여부는 그 행위의 성격에 따라 판단해야 한다. 배트 보이, 볼 보이, 경찰관 등이 타구 또는 송구에 닿지 않게 하려고 피하려다 피하지 못하고 닿았을 때는 고의로는 볼 수 없으나, 공을 걷어차거나 주워 올리거나 밀거나 하였을 때는 본인의 의사와는 관계없이 고의의 방해로 본다. 고의의 방해를 선언하는 여부는 심판의 판단에 따라서 결정한다. 코치가 플레이를 방해하지 않으려고 가능한 모든 노력을 했다고 심판이 판단한다면 고의의 방해로 판단할 필요는 없다.

코치가 방해하지 않으려고 보이기만 했을 뿐 사실은 피하지 않은 것으로 심판이 인정하면 고의의 방해를 선고해야 한다.

- 타구 또는 송구에 대하여 관중의 방해가 있었을 경우는 방해와 동시에 볼 데드가 되어야 한다. 심판은 이 경우에도 만일 방해가 없었더라면 경기가 어떠한 상태가 되었을 것인가를 판단하여 볼 데드 후의 조치를 한다.

- 홈팀은 질서유지에 필요한 충분한 경찰력을 준비해야 한다. 1명 또는 2명 이상의 사람이 게임중에 경기장 안에 들어와 경기를 방해하였을 경우 원정 팀은 그 사람들이 나갈 때까지 플레이를 거부할 수 있다.

원정팀이 플레이를 하는 것을 거부할 때부터 15분이 넘고 그 이후 일정 시간이 지나도 경기장에서 그 사람이 나가지 않을 때는 주심은 몰수 게임을 선언하고 원정팀의 승리를 선언할 수 있다.

몰수게임은 루심과 협의한 후에 주심이 취하는 최후의 수단이다. 따라서 모든 수단을 다한 뒤에 신중하게 선언해야 한다.

3. 용구

■ 공

• 공은 코르크(Cork), 고무 또는 이와 비슷한 재료로 만든 작은 심(芯)에 실을 감고, 흰색의 말가죽 또는 쇠가죽 두 쪽으로 이것을 싸서 단단하게 꿰매 만든다.

공인된 중량은 141.8g∼148.8g (5온스∼5$^1/_4$온스)이고, 둘레는 22.9cm∼23.5cm(9인치∼9$^1/_4$인치) 짜리이다.

• 우리나라에서는 쇠가죽으로 만든 공을 사용한다.

■ 배트

① 배트는 겉면이 고른 둥근 나무로 만들어야 하며, 가장 굵은 부분의 지름이 7cm 이하, 길이는 106.7cm 이하라야 한다. 만드는 방법은, ㉠ 하나의 목재로 만들거나 ㉡ 둘 이상의 긴 나무쪽을 붙여서 만든다. 이때 나무쪽은 접착제로 붙여야만 하고, 나이테가 하나의 나무로 만든 배트처럼 동일한 방향이어야 한다. 나무가 썩지 않도록 표면을 칠해도 된다.

② 배트의 손잡이 부분 즉 끝에서 45.7cm 이하에는 바인더를 포함한 어떠한 물질을 붙이거나 어떤 물질로 처리하여 잡기 쉽게 하는 것은 허용된다. 그러나 제한된 18인치를 넘은 것으로 심판이 판단하였을 경우, 사용을 금한다. 또, 이러한 재료가 배트의 반발력이나 성능을 변하게 하는 것이어서도 안된다.

③ 프로야구에서는 규칙위원회의 허가 없이는 색을 칠한 배트는 사용하지 못한다.

④ 커프트 배트(Cupped Bat) 즉 배트 끝을 도려낸 배트의 경우 그 배트의 끝부분을 도려낼 때는 깊이 2.5cm 이하, 지름 2.5cm 이상, 5.1cm 이하로 하고, 그 움푹 파인 곳은 둥글어야 하며 다른 것을 붙이지는 못한다.

■ 유니폼

① 같은 팀 선수는 같은 색깔, 형태, 디자인의 유니폼을 입어야 한다. 그리고 모든 선수의 유니폼에는 최소한 15㎝ 이상 크기의 등 번호를 붙여야 한다.

같은 팀의 모든 선수는 바깥쪽으로 보이는 언더 셔츠(Under Shirt)의 색깔이 모두 같아야 한다. 투수 이외의 선수는 언더 셔츠의 소매에 번호, 문자, 기장 등을 표시할 수 있다.

자기 팀의 선수와 다른 유니폼을 입은 선수는 게임에 출장할 수 없다.

② 리그는 다음 사항을 규정한다.

· 각 팀은 항상 독자적인 유니폼을 착용하여야 한다.
· 각 팀은 홈 게임용으로 흰색 계통, 원정 게임용으로는 색깔 있는 유니폼을 준비하여야 한다.

③ 선수 개개인의 유니폼의 소매의 길이는 개인마다 달라도 되나, 양쪽 소매 길이는 거의 같아야 한다.

· 선수는 소매가 지나치게 헐었거나 찢어진 유니폼 및 언더 셔츠를 입지 못한다.

④ 선수는 유니폼색과 다른 색의 테이프(Tape) 또는 다른 것들을 유니폼에 붙이지 못한다.

⑤ 유니폼의 어떠한 부분에도 야구공을 모방하는 것이나 그것을 연상시키는 것을 넣지 못한다.

⑥ 유리단추나 번쩍거리는 금속을 유니폼에 달지 못한다.

⑦ 신의 발끝과 발뒤꿈치에는 흔히 사용되고 있는 부품 이외의 것을 붙여서는 안되며, 골프화 또는 육상경기용 스파이크와 비슷한 앞이 뾰족한 스파이크는 신을 수 없다.

⑧ 유니폼을 입은 선수는 다음 사항을 금한다.

· 게임 전, 게임중 또는 게임 후를 불문하고 관중에게 말을

걸거나, 어울리거나, 스탠드에 앉는 행위.
· 감독, 코치 또는 선수가 게임중에 관중에 말을 거는 행위.
· 상대 선수와 친한 척하는 행위.

4. 게임의 시작과 종료

●홈팀이 게임의 연기 또는 게임 개시의 지연을 사전에 통고해 왔을 경우를 제외하고는 1명 이상의 심판은 게임 시작 예정 시간의 5분 전에 곧 홈플레이트로 나가서 양팀 감독과 만나야 한다.

① 홈 팀의 감독은 먼저 주심에게 두 장의 타순표를 제출한다.

② 다음에 원정 팀의 감독이 주심에게 두 장의 타순표를 제출한다.

③ 주심은 받은 두 장의 타순표가 같은가를 대조한 뒤 상대팀의 감독에게 각각 타순표의 부본(副本)을 건네준다. 주심이 타순표를 건네는 시점부터 각 팀의 타격순은 확정된다. 따라서 감독이 선수를 교대시키려면 규칙에 따라야 한다.

④ 홈 팀의 타순표가 주심에게 제출되는 동시에 경기장의 모든 책임은 각 심판들에게 맡겨진다. 그때부터 주심은 날씨, 경기장의 상태 등에 따라 게임 중단의 선언, 게임의 일시정지나 게임의 재개 등에 관한 유일한 결정자가 된다.

●게임 시작 때 또는 게임중 볼 인플레이가 될 때는 포수를 제외한 모든 야수는 페어지역 안에 있어야 한다.

① 포수는 홈플레이트의 바로 뒤에 있어야 한다. 고의사구를 기도할 때는 공이 투수의 손에서 떨어질 때까지 포수는 그 양발을 캐처스 박스 안에 두어야 하나, 플레이를 위해서라면 어느 때나 그 자리를 떠도 좋다.

② 투수는 타자에게 투구할 때 정해진 위치에 있어야 한다.

③ 투수와 포수를 제외한 모든 야수는 페어지역이라면 어느 곳에 있어도 된다.

④ 공격팀 선수 중에서 타자 또는 득점하려고 하는 주자를 제외하고는 볼 인플레이 때 캐처스 박스 라인을 건너가서는 안된다.

• 게임중의 타격순 변경은 인정되지 않는다. 그러나 타순표에 기재되어 있는 선수가 후보선수와 교대하는 것은 허용된다. 다만, 그 후보선수는 물러난 선수의 타격순을 이어받아야 한다.

■ 베이스 코치

① 공격 팀은 공격중 2명의 베이스 코치 중 1명을 1루 가까이, 다른 한 사람을 3루 가까이의 정해진 위치에 세워야 한다.

② 베이스 코치는 각 팀에서 지명된 2명에 한하여 다음 사항을 지켜야 한다.

　㉠ 그 팀의 유니폼을 입을 것.

　㉡ 항상 코처스 박스 안에 있을 것.

• 심판들은 ㉠ ㉡항을 위반한 자를 게임에서 퇴장시켜 경기장 밖으로 보내야 한다.

■ 경기중 금지사항

① 감독, 선수, 후보선수, 코치, 트레이너 및 배트 보이는 어느 경우에나 벤치, 코처스 박스, 기타 경기장의 어떠한 장소에서도 다음 행위를 해서는 안된다.

  ㉠ 말, 사인 등으로 관중을 소요시키려고 자극하는 행위.

  ㉡ 어떤 방법으로든 상대팀의 선수, 심판원 또는 관중에 대해서 욕설을 하거나 폭언을 하는 행위.

  ㉢ 볼 인플레이 중에 타임이라고 고함을 지르거나 말이나 동작으로 명백히 투수에게 보크를 유도하도록 하는 행위.

  ㉣ 어떠한 형태라도 심판에게 고의로 접촉하는 행위. 심판의 신체에 접촉하는 것은 물론 심판에게 말을 건다든가 매우 정다운 태도를 취하는 행위.

② 야수가 타자의 시선을 막아서서 스포츠 정신에 위배되는 의도를 가지고 고의로 타자를 현혹시켜서는 안된다.

  · 벤치에 있는 자가 심판의 판정에 대해서 불만의 태도를 표현하였을 경우 심판은 일차적으로 경고를 하고, 그 경고에도 불구하고 이러한 행위가 계속될 때는 페널티를 적용해야 한다.

  · 페널티 : 심판은 반칙자에게 벤치로부터 팀숙소로 갈 것을 명한다. 만일 심판이 반칙자를 지적할 수 없을 경우 후보선수 모두를 벤치에서 퇴장시킬 수도 있다. 이때 그 팀의 감독에게는 게임에 출장하고 있는 선수와 교대시키기 위해 필요한 사람만을 경기장으로 다시 불러들일 특전이 주어진다.

■ 득점 기록

① 3명이 아웃이 되어 그 회가 끝나기 전에 주자가 정규로 1루,

2루, 3루를 거쳐 홈플레이트에 닿았을 경우 그때마다 1점이 기록된다. 제3아웃이 다음과 같은 경우는 그 아웃이 될 때까지의 플레이 중에 주자가 홈에 들어와도 득점은 인정되지 않는다.

　㉠ 타자 주자가 1루에 닿기 전에 아웃되었을 때.

　㉡ 주자가 포스 아웃되었을 때.

　㉢ 앞의 주자가 루를 밟는 데 실패하여 아웃되었을 때.

■ 정식 게임

① 정식 게임은 보통 9회로 성립되나 다음과 같은 예외가 있다.

즉, 동점으로 게임이 연장되었을 경우 또는 게임이 다음 이유 때문에 단축되었을 경우.

　· 홈 팀이 9회말 공격의 모두, 또는 그 일부를 필요로 하지 않을 경우.

　· 주심이 콜드 게임을 선언하였을 경우.

② 양팀이 9회의 공격을 완료하고도 득점이 같을 때는 계속해서 회수를 거듭하고, 연장회의 초, 말을 모두 끝내고 원정 팀의 득점이 홈 팀의 득점보다 많을 경우.

　· 홈 팀이 연장회의 도중에 결승점을 기록하였을 경우 게임은 종료된다.

③ 주심에 의해서 종료를 선고당한 게임(콜드 게임)이 다음에 해당하는 경우는 정식 게임이 된다.

　㉠ 5회를 완료한 후에 종료를 선고당한 게임.

　㉡ 5회초를 끝마쳤을 때 또는 5회말중 종료를 선언당한 게임으로서 홈 팀의 득점이 원정 팀의 득점보다 많았을 때.

　㉢ 5회말의 공격중에 홈 팀이 득점하여 원정 팀의 득점과 같게 되었을 때 종료를 선고당한 게임.

④ 게임이 종료되었을 때, 양팀의 득점이 같을 경우 주심은 타이

게임(Tie Game)을 선언해야 한다.

⑤ 정식 게임이 되기 전에 주심이 게임의 종료를 명하였을 경우 노 게임을 선언해야 한다.

■ 서스펜디드 게임(일시정지 게임)

① 다음 이유 때문에 게임이 중단되었을 경우, 후일 이 게임을 완료할 것을 조건으로 한 게임 즉, 서스펜디드 게임(일시정지 게임)으로 하는 규칙을 제정할 수 있다.

ㄱ 법률에 의한 시간제한

ㄴ 규약에 의한 시간제한

ㄷ 조명 시설의 고장 또는 홈 팀이 관리하고 있는 경기장의 기계장치의 고장. 경기장의 기계장치에는 자동캔버스 피복 장치나 배수설비를 포함하고 있다.

ㄹ 어두워졌는데도 법률에 의하여 조명의 사용이 허가되지 않을 경우.

㉤ 일기로 인해 인닝 도중에 콜드 게임이 선언되고 다음 중
하나에 해당하는 상황일 때.
· 원정 팀이 1점 이상 득점하여 동점을 만들고 홈 팀이 득
점하지 못했을 때.
· 원정 팀이 득점하여 리드를 하고 홈 팀이 다시 역전시키
거나 동점을 만들지 못했을 때.

② 일기 또는 시간제한에 의해 종료된 게임에 관해서는 규정에
따른 정식 게임이 될 수 있는 회수가 되지 않은 한 이것을 서스펜
디드 게임으로 할 수 없다.

③ 일시정지 게임을 재개하고 이를 완료하기 위해서는 다음과 같
이 해야 한다.

㉠ 그 구장에서의 양팀간 일정의 다음 싱글 게임(Single
Game) 보다 먼저 한다.

㉡ 그 구장에서, 양팀간의 일정에 더블헤더만이 남아 있을 때
는 그 최초의 더블헤더보다 먼저 한다.

㉢ 그 도시에서 양팀간의 일정의 마지막 날 일시정지되었을
때는 상대 클럽의 구장에서 가능한 한,
· 양 팀간의 일정의 다음 싱글 게임보다 먼저 한다.
· 양 팀간의 일정의 더블헤더만 남았을 때는 그 최초의 더
블헤더보다 먼저 한다.
· 양 팀간의 일정의 마지막 날 일시정지 게임을 재개할 수
가 없을 때는 그 일시정지 게임은 콜드 게임으로 해야
한다.

④ 속행되는 게임은 원래의 게임이 정지된 상태에서 재개해야 한
다.

• 주심은 어둠 때문에 플레이에 지장이 있다고 인정될 때는 언제
나 경기장의 라이트(Light)를 밝히도록 명할 수 있다.

• 어느 팀이건 다음 행위를 하였을 때는 몰수게임으로 하여 상대 팀의 승리를 선언할 수 있다.

① 주심이 게임 개시시간에 플레이를 선고하고 나서 5분이 지나도 계속 경기장에 나오지 않을 때. 또는 경기장에 나왔다 하더라도 게임을 거부하였을 경우. 그러나 지연이 불가피하였다고 주심이 인정하였을 때는 관계없다.

② 게임을 일부로 늦추거나 또는 단축시키기 위하여 명백하게 비겁한 술수를 썼을 경우.

③ 주심이 일시정지 또는 게임 종료를 선고하지 않았음에도 불구하고 게임의 속행을 거부하는 경우.

④ 일시정지 후에 주심이 플레이를 선언하고부터 1분 안에 경기를 재개하지 않았을 경우.

⑤ 심판이 경고를 하였는데도 고의로 집요하게 반칙행위를 반복하는 경우.

⑥ 심판의 명령으로 게임에서 퇴장된 선수가 적당한 시간 안에 복종하지 않을 때.

⑦ 더블헤더의 제2게임 때, 제1게임 종료한 후 20분 안에 경기장에 나오지 않을 경우. 다만 제1게임의 주심이 제2게임 개시까지의 시간을 연장하였을 때는 예외이다.

• 주심이 게임을 일시정지시킨 뒤, 그 재개에 필요한 준비를 구장 관리인에게 명령하였음에도 불구하고 그 명령이 이행되지 않을 경우 그 게임은 몰수게임이 되고 원정 팀의 승리가 된다.

• 어느 팀이 경기장에 9명의 선수를 내보내지 못하거나 이것을 거부하는 경우, 그 게임은 몰수게임이 되고 상대팀의 승리가 된다.

• 주심이 몰수게임을 선언하였을 때는 선언 후 24시간 이내 그 사유를 서면으로 커미셔너에게 보고하여야 한다. 단, 주심이 이 보고를 안하여도 몰수게임에는 변함이 없다.

5. 볼 인플레이와 볼 데드

•주심이 '플레이'를 선언하면 볼 인플레이가 되고, 규칙에 따라 볼 데드가 되거나, 또는 심판이 타임을 선고하여 게임을 정지시키지 않는 한 볼 인플레이 상태는 계속된다. 볼 데드가 되었을 때는 각 선수는 아웃되거나, 진루하거나, 루에 돌아가거나 득점할 수 없다.

단, 볼 인플레이 중에 일어난 행위 이를테면 보크, 악송구, 인터피어(Interfere), 홈런 또는 플레잉 필드(Playing Field)의 밖으로 나간 페어 히트 등의 결과로 하나 또는 그 이상의 진루가 인정되었을 때는 예외이다.

•다음 경우에는 볼 데드가 되어 주자는 1개의 진루가 허용되거나 루로 돌아간다. 그 사이에 주자는 아웃되지 않는다.

① 투구가 정규의 타격자세에 있는 타자의 몸, 또는 옷에 닿았을 경우 다음 루에 진루가 허용된 주자는 진루한다.

② 주심이 포수의 송구를 방해하였을 경우에는 각 주자는 루로 돌아간다. 단 포수의 송구가 주자를 아웃시켰을 때는 방해가 없었던 것으로 한다.

③ 보크의 경우에는 모든 주자는 진루한다.

④ 반칙타구의 경우에는 모든 주자는 원래의 루로 돌아간다.

⑤ 파울 볼이 잡히지 않았을 경우에는 모든 주자는 루로 돌아간다.

주심은 루에 있는 주자가 원래의 루에 리터치(Retouch) 할 때까지 볼 인플레이로 해서는 안된다.

⑥ 투수를 포함한 내야수의 몸에 닿지 않은 페어 볼이 페어지역에서 주자 또는 심판에 닿았을 경우, 또는 내야수(투수 제외)를 통과하지 않은 페어 볼이 심판에 닿았을 경우 타자가 주자가 됨으로써 루를 비워줄 의무가 생긴 각 주자는 진루한다. 주자가 페어 볼에 닿아도 심판이 다음 사실을 확인하였을 때는 아웃을 선언해서는 안되며 이때는 볼 인플레이이다.

  · 일단 내야수에 닿은 페어 볼에 닿았을 경우.

  · 내야수에 닿지 않고 그 가랑이(탈간) 사이 또는 옆을 통과한 타구에 바로 그 뒤에서 닿아도, 이 공에 대해서 다른 어느 내야수도 수비할 기회가 없었다고 심판원이 확인한 경우. 타구가 투수를 통과한 후, 내야에 서 있는 심판에 닿았을 경우 볼 데드가 된다. 페어지역에서 야수로부터 빗나간 타구가 인플라이트 상태에서 주자 또는 심판에 닿고 땅에 떨어지기 전에 내야수가 포구했어도 포구가 아니다. 그러나 볼 인플레이는 계속된다.

페어 볼이 파울지역에서 심판에게 닿았을 경우 볼 인플레이이다.

⑦ 투구가 포수나 심판의 마스크 또는 기타 용구에 끼어 플레이를 할 수 없었을 때, 모든 주자는 진루한다.

⑧ 정규의 투구가 득점하려고 하는 주자에 닿았을 경우에 모든 주자는 진루한다.

• 심판이 타임을 선언하면 볼 데드가 된다. 다음의 경우 주심은 타임을 선언해야 한다.

① 일기, 어둠 등으로 게임을 계속하는 것이 불가능하다고 판단하였을 경우.

② 라이트의 고장 때문에 심판원이 플레이를 지켜보기 어렵거나 불가능할 경우.

③ 돌발사고로 선수가 플레이를 할 수 없게 되거나 또는 심판이 그 직무를 수행할 수 없게 되었을 경우.

　· 장외 홈런 또는 사구(Hit by Pitched Ball)와 같이 1개 또는 그 이상의 안전 진루권이 주어질 때 주자가 불의의 사고로 그 안전 진루권을 행사할 수 없게 되었을 때는 대주자가 플레이를 끝내도록 할 수 있다.

④ 감독이 선수를 교체시키거나 협의하기 위하여 타임을 요구하였을 경우.

⑤ 심판이 공을 검사할 필요가 생기거나 감독과 협의하기 위해서 또는 이에 준한 사유가 있을 경우.

⑥ 야수가 플라이 볼을 잡은 후, 벤치 또는 스탠드 안으로 넘어지면서 들어가거나 줄을 넘어서 관중(관중이 경기장 안까지 들어와 있을 경우) 속으로 넘어지면서 들어갔을 때는 주자에 대해서 한 개의 진루를 허용한다. 야수가 볼을 잡은 후, 벤치에 들어가더라도 넘어지지 않았을 때는 볼 인플레이이므로 주자는 아웃을 감수하고 진루를 시도할 수 있다.

⑦ 심판이 선수 또는 그 밖의 사람들에게 경기장 밖으로 퇴장을 명하였을 경우.

⑧ 심판은 플레이의 진행중에 타임을 선언하여서는 안된다.

6. 타자

① 타자는 자기의 타순이 오면 빨리 배터즈 박스에 들어가서 타격자세를 취하여야 한다.

② 타자는 투수가 세트 포지션으로 들어가거나 또는 와인드 업을 시작하였을 때 배터즈 박스에서 벗어나면 안된다.

　· 타자가 이를 위반하였을 때, 투수가 투구하면 주심은 그 투구에 따라 볼·스트라이크를 선언한다.

③ 타자가 배터즈 박스에 들어서려고 하지 않거나 배터즈 박스 안에 있으면서도 타격자세에 들어가지 않으려 할 때는 투수에게 투구를 명하고 그 투구를 모두 스트라이크로 선고한다. 타자가 이와 같은 스트라이크가 3회 선고될 때까지 타격자세에 들어가지 않았을 때는 아웃이 선고된다. 그 이전에 타격자세에 들어가면 그 다음의 투구는 그 투구에 따라 볼 또는 스트라이크로 선고된다.

• 타자는 배터즈 박스 안에 양쪽 발을 두는 것이 정규의 타격자 세이다. 배터즈 박스의 라인은 배터즈 박스의 일부이다.

■ 타자의 아웃

① 페어 플라이 볼 또는 파울 플라이 볼(파울 팁은 제외)이 야수에게 정규로 잡혔을 경우.

② 제3스트라이크가 포수에게 정규로 잡혔을 경우.

· 정규라 함은, 아직 땅에 닿지 않은 공이 포수의 미트 속에 들어가 있는 것을 뜻한다. 공이 포수의 옷 또는 용구에 끼인 것은 정규로 잡힌 것이 아니다. 또 심판에 맞고 튀어나온 공을 포수가 잡았을 때도 같다.

· 파울 팁이 처음에 포수의 손 또는 미트에 닿은 다음에 신체 또는 용구에 맞아 튕겨나온 것을 포수가 땅에 닿기 전에 잡았을 경우에는 스트라이크이다. 제3스트라이크에 해당될 때는 타자는 아웃이다.

③ 노아웃 또는 원아웃에서 1루에 주자가 있을 때 제3스트라이크가 선언되었을 경우.

· 노아웃 또는 원아웃에서 1루에(1·2루, 1·3루, 1·2·3루시에도 동일) 주자가 있을 경우에는 제3스트라이크로 선고된 투구를 놓치거나 그 투구가 주심의 마스크 등에 들어갔을 경우에도 타자는 아웃이 된다.

④ 2스트라이크 후의 투구를 번트하여 파울 볼이 되었을 경우.

⑤ 인필드 플라이가 선언되었을 경우.

⑥ 2스트라이크 후 타자가 쳤으나(번트의 경우도 포함) 투구가 배트에 닿지 않고 타자의 신체에 닿았을 경우.

⑦ 야수(투수 포함)에게 닿지 않은 페어 볼이 타자 주자에 닿았을 경우.

⑧ 타자가 치거나, 번트한 페어의 타구가 페어지역에서 배트에 다시 맞았을 경우 볼 데드가 되어, 주자의 진루는 인정되지 않는다. 반대로 페어의 타구가 굴러와서, 페어지역에서 타자가 떨어뜨린 배트에 닿았을 경우는 볼 인플레이. 단, 타자가 타구의 진로를 방해하기 위하여 배트를 놓은 것이 아닌 것으로 심판이 판단하였을 때에 한한다.

⑨ 타자가 치거나 번트한 후 1루에 뛰어갈 때 타구의 방향을 어떤 방법이거나 고의로 반대로 구르게 하였을 때는 볼 데드가 되며 주자의 진루는 인정되지 않는다.

⑩ 타자가 제3스트라이크를 선고당한 후 또는 페어 볼을 친 후, 1루에 닿기 전에 그 신체 또는 1루에 태그되었을 때.

⑪ 1루에 대한 수비가 이루어지고 있을 때 홈플레이트와 1루 사이의 후반을 달릴 때는 타자가 스리 푸트 라인(Three Foot Line)의 바깥쪽을 향해서 우측 또는 파울 라인의 안쪽을 향해서 좌측을 달려서, 1루쪽의 송구를 잡으려고 하는 야수에게 방해가 되었다고

심판이 인정하였을 때. 단, 타구를 처리하는 야수를 피하기 위하여 스리 푸트 라인의 바깥쪽을 향하여 우측 또는 파울 라인의 안쪽을 향하여 좌측을 달리는 것은 관계없다.

⑫ 노아웃 또는 원아웃, 주자 1루, 1·2루, 1·3루 또는 만루일 때, 내야수가 페어의 플라이 볼 또는 라인 드라이브를 고의로 떨어뜨렸을 때 볼 데드가 되어 주자의 진루는 인정되지 않는다.

⑬ 야수가 송구를 잡으려고 하고 있거나, 또는 송구하려고 하는 것을 앞의 주자가 고의로 방해하였다고 심판원이 인정하였을 경우.

⑭ 투아웃 투스트라이크 후 홈스틸을 노린 3루주자가 스트라이크 존에서 정규투구에 닿았을 경우.

이때 타자는 제3스트라이크의 선고를 받아 아웃이 되므로 그 주자의 득점은 인정되지 않는다. 그러나 노아웃 또는 원아웃일 경우는 타자는 제3스트라이크의 선언으로 아웃, 볼 데드가 되나 그 득점은 인정된다.

● 타자가 반칙행위로 아웃되는 경우.

① 타자가 반칙 타구를 하였을 경우.

· 타자가 배터즈 박스 밖에서 투구를 쳤을 때는 페어나 파울을 불문하고 아웃이 선고된다.

· 심판은 고의사구(Intentional Base on Balls)가 기도되었을 때 투구를 치려고 하는 타자의 발(足)의 위치를 주의깊게 지켜봐야 한다.

· 배터즈 박스에서 뛰거나 걸어나가면서 볼을 쳐서는 안된다.

② 투수가 투구 준비동작을 하고 있을 때 타자가 한쪽의 배터즈 박스에서 다른 쪽의 배터즈 박스로 이동했을 경우.

③ 타자가 배터즈 박스 밖으로 나가거나 그 밖의 다른 동작으로 홈플레이트에서 포수의 수비 또는 송구를 방해하였을 경우. 단, 홈플레이트로 진루하려고 하던 주자가 아웃이 되었거나 득점하려던

주자가 타자의 방해로 아웃 선언을 받았을 때에 타자는 아웃이 안
된다.

　④ 타자가 공의 비행거리를 늘리거나 이상한 반발력이 생기도록
개조·가공하였다고 심판원이 판단하는 배트를 사용하거나 사용하
려고 했을 경우. 여기에는 배트에 이물질을 끼우거나, 표면을 평평
하게 하거나, 못을 치거나, 속을 비우거나, 홈을 파거나, 파라핀 왁
스를 칠하는 것 등으로 공의 비행거리를 늘리거나 이상한 반발력이
생기도록 하는 것도 포함된다.

　　　· 타자가 이와 같은 배트를 사용하고 있을 동안에 일어난 주
　　　자의 진루는 인정되지 않음은 물론 타자는 아웃이 선고되
　　　고 게임에서 퇴장되며, 후에 커미셔너에 의해 페널티가 가
　　　해진다.

■ 타순에 잘못이 있었을 경우

　① 타자가 자기 차례에 타격을 하지 않고 다른 타자가 타격을 완
료하였을 경우 상대팀이 어필(Appeal)하면, 그 타자는 아웃이 선
언된다.

　　　· 부정위 타자가 타격을 끝내기 전이면 정위 타자는 부정위
　　　타자의 스트라이크 및 볼의 카운트(Count)를 이어 받아
　　　그와 교대하여 타격해도 된다.

　② 부정위 타자가 타격을 끝냈을 때 수비측 팀이 투수의 투구 전
에 주심에게 어필하면 주심은,

　　　· 정위 타자에게 아웃을 선언한다.

　　　· 부정위 타자의 타구에 의하거나 또는 부정위 타자가 안타,
　　　실책, 사사구(四死球), 기타로서 1루에 진루하여 일어난
　　　모든 진루 및 득점을 무효로 한다.

　　　· 단, 주자가 부정위 타자의 타격중에 도루, 보크, 폭투, 공을

　　빠뜨리는 것 등으로 진루하는 것은 정규의 진루이다.

　③ 부정위 타자가 타격을 끝낸 후 투수의 투구 전에 어필이 없었을 경우 부정위 타자는 정위 타자로 인정되며 게임은 그대로 계속된다.

　④ 정위 타자가 타순의 잘못으로 아웃 선고를 받았을 경우 다음 타자는 그 정위 타자의 다음 타순이어야 한다.

　　• 부정위 타자가 투수의 투구전에 어필이 없었으므로 정위 타자로 인정되었을 경우 이 정당화된 부정위 타자의 다음에 있는 타자가 정규의 다음 타자로 된다.

　　• 부정위 타자의 타격행위가 정당화되면 타순은 즉시 그 정당화된 부정위 타자의 다음 타자의 차례가 된다.

　　• 심판원은 부정위 타자가 배터즈 박스 안에 있더라도 어느 누구에게나 주의를 환기시키지 못한다. 양팀 감독 및 선수의 끊임없는 주의를 필요로 하기 때문이다.

• 타자는 다음 경우, 주자가 되어 아웃이 될 염려없이 안전하게 1루에 나간다. 단 타자가 1루로 가서 루에 닿는 것을 조건으로 한다.

① 심판이 사구를 선언하였을 경우, 타자는 1루로 나아가 루에 닿아야 된다. 따라서 루를 비워줄 의무가 있는 주자는 다음 루에 진루해야 하는데, 이것은 만루 및 대주자를 출장시킬 때도 적용된다. 타자의 사구로 인해 진루하게 된 다른 주자가 플레이가 있는 것으로 착각하여 슬라이딩한 후 그 루를 지나치게 되면 야수의 태그에 의해 아웃이 된다. 또 주어진 루에 닿지 않고 앞의 루를 넘보다가 신체 또는 그 루에 태그되어도 아웃이다.

② 타자가 치려고 하지 않은 투구에 닿았을 경우.

단, 다음 경우는 제외된다.

· 바운드하지 않은 투구가 스트라이크 존에서 타자의 몸에 닿았을 경우.

· 타자가 투구를 피하지 않고 그 투구에 몸이 닿았을 경우. 투구가 스트라이크 존에서 타자의 몸에 닿았을 경우 타자가 이것을 피하려 했건 안했건 모두 스트라이크가 선언된다.

단, 투구가 스트라이크 존 밖에서 타자의 몸에 닿고, 타자가 이것을 피하려고 하지 않았을 경우 볼이 선언된다.

③ 포수 또는 기타의 야수가 타자를 방해하였을 경우.

단, 그 방해에도 불구하고 플레이가 계속되었을 때는 공격측 팀의 감독은 그 플레이가 끝나면 곧 방해행위에 대한 페널티 대신 그 플레이를 선택하겠다는 뜻을 주심에게 통보할 수도 있다.

그러나 타자가 안타, 실책, 사사구, 기타 등으로 1루에 나가고 다른 모든 주자가 최소한 1개의 진루를 했을 때는 방해에 관계없이 그 플레이는 계속된다.

④ 야수(투수 포함)에 닿지 않은 페어 볼이, 페어지역에서 심판 또는 주자의 몸에 닿았을 경우.

투수를 제외한 야수를 통과하거나 또는 야수(투수 포함)에 닿은 페어 볼이 심판에 닿았을 경우에는 인플레이이다.

7. 지명타자

① 선발투수 또는 구원투수가 칠 차례에 다른 선수가 쳐도 그 투구를 계속하는 조건 아래 이들 투수를 대신하여 칠 타자를 지명해도 된다. 투수를 대신하여 치는 지명타자는 게임 시작 전에 결정하여 주심에게 제출하는 타순표에 기록되어야 한다.

- 게임 시작 전에 교환된 타순표에 기재된 지명타자는 상대팀 선발투수에 대하여 적어도 한번은 타격을 완료해야 교대할 수 있다. 그 선발투수를 교대하였을 때는 그러지 않아도 된다.
- 팀은 반드시 투수에 대신하여 지명타자를 지명하지 않아도 좋으나 게임 전에 지명하지 않았을 때는 그 게임에서 지명타자를 기용할 수 없다.

② 지명타자에 대신하여 핀치 히터(Pinch Hitter)를 기용할 수도 있다. 지명타자를 대신한 타자는 그 다음 지명타자가 된다. 한번 물러난 지명타자는 다시 그 게임에 출장할 수 없다.

· 지명타자가 수비에 나가도 좋으나 타순표의 자기 위치에서 타격을 계속해야 한다. 그러나 투수는 교대된 수비 선수의 타순을 이어 받아야 한다. 단, 2명 이상의 교대가 있었을 때는 감독이 타순을 지정하여야 한다.

③ 지명타자에 대신하여 대주자가 출장할 수 있다. 그러나 그 주자가 다음의 지명타자의 역할을 이어 받아야 한다. 지명타자는 대주자가 될 수 없다.

· 지명타자는 타순표에 그 위치가 고정되어 있으며, 많은 교대가 있더라도 지명타자의 타순을 바꿀 수 없다.

④ 투수가 한번 다른 수비위치에 나갔을 경우, 그 다음 지명타자의 역할은 없어진다.

· 대타자가 타순표상의 다른 선수 대신 타격을 한 후, 그대로 투수가 되었을 경우 그 다음 지명타자의 역할은 없어진다.

· 투수가 지명타자에 대신하여 타격을 하였을 경우 그 후 지명타자의 역할은 없어진다.

8. 주자

● 주자가 아웃되기 전에 다른 주자가 점유하지 않은 루에 닿으면 그 루를 점유하는 권리를 획득한다. 그 주자는 아웃이 되거나, 그 루에 대해서 정규의 점유권을 갖고 있는 다른 주자 때문에 그 루를 비워줄 의무가 발생할 때까지 그 권리가 주어진다.

주자는 진루할 때 1루, 2루, 3루, 홈플레이트의 순서에 따라 각 루에 닿아야 한다. 역주하여야 할 경우는 규정에 따라 볼 데드가 되지 않은 한 모든 루를 역순서로 다시 닿아야 한다. 그러나 볼 데드 때는 직접 원래의 루로 되돌아가도 된다.

① 볼 인플레이 중에 일어난 행위 이를테면 악송구, 홈런 또는 펜스 밖으로 나간 페어 히트 등으로 안전진루권이 인정될 때에도 주자가 진루 또는 역주할 때에는 각 루에 정규로 닿아야 한다.

② 역주해야 할 경우는 다음과 같다.

· 플라이 볼이 뜨고 있는 동안에 다음 루에 진루한 주자가 볼이 야수에게 잡힌 것을 보고, 리터치하려고 할 경우.

· 루를 그냥 통과한 주자가 그 루를 다시 밟을 경우.

· 자기보다 전위의 주자를 추월할 우려가 있을 경우를 말하며, 이와 같은 때에는 역순으로 각 루를 밟아야 한다.

● 두 주자가 같은 루를 점유할 수는 없다. 볼 인플레이 때의 두 주자가 동일의 루에 닿고 있을 때는 그 루를 점유하는 권리는 선행 주자에게 주어져 있다. 따라서 후속 주자는 태그당하면 아웃이 된다.

● 다음의 경우에는 타자를 제외한 각 주자는 아웃이 될 염려없이 1개의 루가 주어진다.

① 보크가 선언되었을 경우

② 타자가 아웃될 염려없이 주자가 되어 1루에 나가는 관계로 그 주자가 루를 비워주지 않으면 안 될 경우. 또는 타자가 친 페어 볼이 야수(투수 포함)에 닿기 전이나 야수(투수 제외)를 통과하기 전에 페어지역에서 심판이나 다른 주자의 몸에 닿아 주자가 루를 비워주어야 될 경우.

③ 야수가 플라이볼을 잡은 뒤, 벤치 또는 스탠드 안으로 넘어지며 들어가거나 로프를 넘어서 관중 속(관중이 경기장 안까지 들어와 있을 때)으로 넘어져 들어갔을 경우.

· 또는 포수가 플라이 볼을 잡기 위하여 한발 또는 두발을 더 그아웃 안으로 내딛고 잡으면 잡힌 것으로 간주되어 볼 인플레이이다. 야수 또는 포수가 볼을 잡은 후 스탠드 관중 또는 더그아웃 안으로 넘어지거나, 더그아웃 안에서 잡은 후 넘어진 경우에는 볼 데드가 되며, 주자는 안전하게 1개의 진루가 허용된다.

④ 주자가 도루를 시도했는데, 타자가 포수 또는 다른 야수에게 방해당했을 경우.

• 주루방해가 발생하였을 때는 심판은 업스트럭션(주루방해)을 선고하거나 그 신호를 해야 한다.

① 주루를 방해당한 주자에 대해서 플레이가 행해지고 있을 경우나 타자주자가 1루를 밟기 전에 그 주루를 방해당하였을 때는 볼 데드이고, 루상의 각 주자는 주루방해가 아니었더라면 도달되었으리라고 심판이 판단하는 루까지 아웃의 염려없이 진루가 허용된다.

· 주루를 방해당한 주자는 주루방해 발생 당시, 이미 점유하고 있던 루보다도 적어도 1개 이상의 루에 진루가 허용된다.

· 포수가 공을 갖고 있지 않은 채 득점하려는 주자의 진로를 막을 권리는 없다. 베이스라인은 주자가 뛰는 길이므로 포수는 공을 '처리하는 행위'를 하고 있을 때나 이미 공을 갖고 있을 때만 베이스라인 위에 위치할 수 있다. 이 규정에 위반하였다고 생각되는 포수에 대해서 심판은 반드시 주루 방해를 선언해야 한다.

· 주루를 방해당한 주자에 대하여 플레이가 행해지고 있을 때 심판은 타임을 선고할 때와 같은 방법으로 두 손을 머리 위로 올려 주루방해를 선언해야 한다.

· 주루방해의 신호가 있었을 때는 즉시 볼 데드가 된다. 그러나 심판의 주루방해 선언이 있기 전에 야수의 손을 떠난 공이 악송구일 경우 발생하지 않았더라도 그 악송구에 의하여 당연히 허용되어야 할 루가 그 주자에게 허용되어야 한다.

· 주자가 2, 3루간에서 협격되어 유격수로부터의 송구가 인플라이트 상태일 경우 3루로 가려는 주자가 3루수에게 주루

를 방해당하였을 때 그 송구가 더그아웃에 들어갔을 때는
그 주자에게 본루가 허용된다. 이때 다른 주자에 대해서는
선언되기 이전에 점유하고 있던 루를 기준으로 하여 2개의
루가 허용된다.

② 도루를 방해당한 주자에 대해서 플레이가 행해지지 않았을 경
우 모든 플레이가 종료될 때까지 게임은 계속된다. 심판은 플레이
가 끝난 것을 확인한 후 비로소 타임을 선고하고, 필요하면 그 판단
으로 주루방해로 인하여 받은 주자의 불이익을 없애도록 적당한 조
치를 취한다.

• 다음의 경우 주자는 아웃이 된다.

① 주자가 태그당하지 않으려고 루간을 연결한 직선으로부터
4cm(3피트) 이상 떨어져서 달렸을 경우. 단, 타구를 처리하고 있는
야수를 방해하지 않기 위하여 달렸을 경우는 제외된다.

· 1루를 밟고 베이스라인으로부터 떨어져서 다음 루로 가려
고 하는 의사를 명백히 포기하였을 경우. 또 1루를 밟은 주
자가 더이상의 플레이가 없다고 착각하여 베이스라인을 떠
나 더그아웃 쪽이거나 수비위치 쪽으로 향하였을 때 심판
이 그 행위를 주루하는 의사를 포기한 것이라 판단하였다
면 그 주자는 아웃이 선언된다. 아웃이 선언되어도 다른 주
자에 대하여서는 볼 인플레이의 상태이다.

② 볼 인플레이에서 주자가 루에서 떨어져 있을 때에 태그당하였
을 경우. 단, 타자주자가 1루로 뛰어갈 때는 곧 돌아오는 것을 조건
으로 한다면 오버 런 또는 오버 슬라이드하였을 때 태그당해도 아
웃이 되지 않는다.

· 주자의 충격으로 루의 캔버스 백이 정위치로부터 떨어졌을
경우, 그 주자가 루에 안전하게 도달하였다면 주자에 대해
서는 여하한 플레이도 할 수 없으며, 플레이 중에 루의 캔

버스 백 또는 홈플레이트가 정위치로부터 떨어졌을 때, 연속해서 다음의 주자가 진루해 와서 원래 루에 놓여 있던 지점에 닿거나 머무르면, 그 주자는 정규로 루에 닿거나 점유한 것으로 간주한다.

③ 페어 플라이볼, 파울 플라이볼이 정규로 잡힌 후, 주자가 리터치를 하기 전 신체 또는 그 루에 태그당한 경우. 단, 이 아웃은 어필에 의해서 선고되는 것이므로 투수가 타자에게 다음 1구를 투구하든지 또는 플레이를 하든가, 플레이를 기도하였으면 주자는 리터치를 하지 않아도 아웃되지 않는다.

④ 타자가 주자가 되어 다음 루에 닿기 전에 야수가 그 주자 또는 그 루에 태그하였을 경우 이 아웃은 포스 아웃이다.

단, 뒤의 주자가 일단 포스 플레이로 아웃되면, 앞의 주자는 진

루할 의무가 없어지므로 태그당해야만 아웃이 된다.

또, 주자가 루에 닿은 뒤 그 여세로 오버 슬라이드 또는 오버 런 하였을 경우에는 루에 닿았을 순간에 주루의 의무를 완료한 것이 되므로 그 주자는 신체에 태그당해야 아웃이 된다. 이 아웃은 포스 아웃이 아니고 태그 아웃이다.

- 그러나 진루의 의무가 생긴 주자가 다음 루에 닿은 후, 어떤 이유이거나 그 루를 버리고 원래의 루 쪽으로 떨어졌을 경우는 재차 포스의 상태에 놓이게 되므로 야수가 그 신체 또는 진루하여야 할 루에 태그당하면 그 주자는 아웃이 된다. (이 아웃은 포스 아웃이다.)

⑤ 주자가 내야수에 닿지 않거나 또는 내야수를 통과하지 않은 볼에 페어지역에서 닿았을 경우.

이때 볼 데드가 되어 진루가 허용된 주자 이외에는 어느 주자도 득점하거나 진루할 수 없다.

- 인필드 플라이로 선언된 투구가 루에서 떨어져 있는 주자에 닿았을 때는 타자와 주자가 다같이 아웃이 된다. 그러나 인필드 플라이로 선언된 타구가 루에 닿아 있는 주자에 닿았을 경우에는 그 주자는 아웃되지 않고, 타자만 아웃된다.
- 두 사람의 주자가 같은 페어 볼에 닿을 때는 최초에 닿은 1명만이 아웃이 된다. 타구가 주자에 닿았을 때 곧 볼 데드가 되기 때문이다.

⑥ 노아웃 또는 원아웃에서 주자가 득점하려고 하였을 때에 타자가 홈플레이트에서 행해지고 있는 수비측의 플레이를 방해하였을 경우, 투아웃일 때에는 인터피어로 타자가 아웃되어 득점은 인정되지 않는다.

⑦ 후속주자가 아웃되지 않은 선행주자를 앞질렀을 경우에는 후속주자가 아웃이 된다.

⑧ 주자가 정규로 루를 점유한 후에 루를 역주하였을 때 수비를 혼란시키려는 의도 혹은 게임을 우롱할 의도가 명백하였을 경우.

이때 심판은 바로 타임을 선고하여 그 주자에게 아웃을 선언해야 한다.

⑨ 주자가 1루를 오버 런 또는 오버 슬라이드한 후, 곧 1루에 귀루하지 않았을 경우.

이때, 주자가 곧 귀루하지 않고 더그아웃이나 자기의 수비위치로 가려고 하였을 경우도, 야수가 주자 또는 루에 태그하고 어필하면 아웃이 된다. 그리고 또 주자가 2루에 진출하려는 행위를 하였을 때 태그당하면 아웃이다.

⑩ 주자가 홈으로 뛰어들어가거나 또는 미끄러지며 들어갔을 때, 홈에 닿지도 않고, 다시 닿으려고도 하지 않았을 때에 야수가 손에 공을 갖고 홈플레이트에 닿은 채로 심판에게 어필하였을 경우에도 아웃이 된다.

• 다음은 타자 또는 주자에 의한 인터피어가 되는 경우이다.

① 제3스트라이크 후 타자가 투구를 처리하려고 하는 포수를 방해하였을 경우.

② 타자가 치거나 번트한 페어의 타구에 페어지역내에서 배트가 재차 맞았을 경우 볼 데드가 되어 주자의 진루는 인정되지 않는다.

  • 이와 반대로 페어의 타구가 굴러와서 타자주자가 떨어뜨린 배트에 페어지역에서 닿았을 경우에는 볼 인플레이이다. 단, 타자가 타구의 진로를 방해하기 위한 어떠한 의도도 없었다고 심판원이 판단하였을 때에 한한다.

③ 타자 또는 주자가 파울 볼의 진로를 어떤 방법일지라도 고의로 빗나가게 하였을 경우. 이때 주자는 볼 데드가 되어 다른 주자는 진루할 수 없으나, 타자에게는 1루가 허용된다. 또 타자가 된 결과, 진루가 허용된 주자는 진루할 수 있다.

④ 무사 또는 원아웃에서 주자 3루일 때, 타자가 홈플레이트에서 야수의 플레이를 방해하였을 경우에는 주자가 아웃이 되지만 2사 후의 경우에는 타자가 아웃된다.

⑤ 1명 또는 2명 이상의 공격측 선수가 주자가 도달하려고 한 루에 접근해 있거나, 모여서 수비측을 방해하거나, 혼란시키거나 수비를 곤란하게 하였을 경우, 그 주자는 동료선수가 상대의 수비를 방해한 것으로 하여 아웃이 된다.

⑥ 아웃이 선고된 직후의 타자 또는 주자가 다른 주자에 대한 야수의 플레이를 저지하거나 혹은 방해하였을 경우에는 그 주자는 동료선수가 상대의 수비를 방해한 것으로 간주하여 아웃이 선언된다. 이 경우 타자 또는 주자가 아웃 후 계속 뛰고 있어도 그 행위만으로는 야수를 혼란시키거나 방해 또는 가로막았다고 볼 수 없다.

⑦ 주자가 명백히 병살을 행하지 못하도록 고의로 타구를 방해하거나 또는 타구를 처리하고 있는 야수를 방해한 것으로 심판이 판단하였을 때, 심판은 그 주자에게 아웃을 선언하고, 동료선수의 행위로 타자주자에 대해서도 아웃을 선언한다. 이 경우, 볼 데드가 되어 다른 주자는 진루도, 득점도 못한다.

⑧ 타자주자가 명백히 병살을 행하지 못하도록 고의로 타구를 방해하거나 또는 타구를 처리하고 있는 야수를 방해하였다고 심판이 판단하였을 경우, 심판은 타자주자에게 방해에 의한 아웃을 선언하고, 어느 곳에서 병살이 행해지려고 했는지에 관계없이 홈플레이트에 가장 가까이 진루한 주자에게 아웃을 선언한다. 이 경우, 볼 데드가 되어 다른 주자는 진루할 수 없다.

⑨ 3루 또는 1루의 베이스 코치가 주자에 닿거나 또는 부축하여 3루 또는 1루에 되돌아오거나 떠나도록 하기 위하여 육체적으로 도왔다고 심판이 판단하였을 경우.

⑩ 주자 3루 상황에서 베이스 코치가 자기의 박스를 떠나 어떠한 동작으로서든지 야수의 송구를 유도하였을 경우.

⑪ 1루에 대한 수비가 행해지고 있는 상황에서 주자가 홈, 1루간

의 후반을 달릴 때에 스리 푸트 라인의 바깥쪽 또는 파울라인의 안쪽을 달림으로서 1루 송구를 잡으려거나 또는 타구를 처리하려고 하는 야수에게 방해가 되었다고 심판이 인정하였을 경우.

⑫ 주자가 타구를 처리하려고 하는 야수를 피하지 않거나 송구를 고의로 방해하였을 경우.

단 2명 이상의 야수가 타구를 처리하려는 상황에서 주자가 그 중의 1명이거나 2명 이상의 야수에 접촉하였을 때는 그 야수들 중에서 본 규칙의 적용을 받는데 가장 적합한 위치에 있었던 야수 1명에게 닿았을 경우에 한하여 아웃을 선언한다.

⑬ 투수를 포함한 야수에 닿지 않은 페어 볼이 페어지역에서 주자에 닿았을 경우. 단 주자가 페어 볼에 닿아도 다음의 경우에는 아웃을 선언하지 못한다.

· 일단, 내야수(투수 포함)에 닿은 페어 볼에 닿았을 경우.
· 투수를 제외한 내야수에 닿지 않고 그 사이 또는 옆을 통과한 페어 볼에 바로 그 뒤에서 닿아도 이 타구에 대하여 다른 어떠한 내야수도 수비할 기회가 없을 경우.
· 그러나 야수가 수비할 기회를 상실한 타구라도 주자가 고의로 그 타구를 찼다고 심판원이 인정하면 그 주자는 방해를 이유로 아웃 선언을 받아야 한다.
· 인터피어에 대한 페널티 : 주자는 아웃이 되고 볼 데드가 된다.

● 다음은 어필이 있으면 주자가 아웃되는 상황이다.

① 플라이 볼이 잡힌 후 주자가 본래의 루에 리터치를 마치기 전에 신체나 그 루에 태그당하였을 경우. 또 포구 후 리터치하고 다음 루에 가려면 루에 닿아 있는 상태로부터 스타트하여 다음 루로 가야 한다. 따라서 루의 뒤에서부터 출발하는 플라잉 스타트는 정규의 리터치방법은 아니다.

② 볼 인플레이 때, 주자가 진루 또는 역주할 때에 순서에 따라 각 루에 닿지 못하고 태그당하였을 경우.

③ 주자가 1루를 오버 런 또는 오버 슬라이드한 후, 곧 귀루하지 않은 상황에서 신체 또는 루에 태그당하였을 경우.

④ 주자가 홈플레이트에 닿지 않고, 홈플레이트에 다시 닿으려고 도 하지 않은 상황에서 홈플레이트에 태그당하였을 경우.

• 공격측 팀의 선수와 베이스 코치 또는 기타의 멤버는 타구 혹은 송구를 처리하려는 야수에게 자리를 비워주어야 한다. 물론 양쪽 더그아웃도 포함된다.

· 페널티 : 수비방해를 선고하고 그 플레이의 대상이 되어 있던 타자 또는 주자를 아웃시킨다. 가령 플레이어가 2개의 배트를 가지고 다음 타자석에 있었을 때 타자가 파울 플라이볼을 쳐서 이것을 잡으려고 포수가 쫓아왔으므로 그 플레이어는 1개의 배트를 갖고 장소를 양보하였으나, 포수는 남겨둔 배트에 걸려 쉽게 잡을 수 있었던 파울 플라이 볼을 놓쳤다. 플레이어가 남긴 배트가 명백히 포수가 볼을 잡는 데 방해하였다고 심판이 판단하면 타자는 아웃이 된다.

9. 투수

• 정규의 투구

투구자세에는 '와인드 업 포지션'과 '세트 포지션'의 두 가지 것 중 어느 것이고 수시로 사용할 수 있으며, 투수는 투수판에 발을 대고 포수로부터 사인을 받아야 한다.

투수가 사인을 교환한 뒤 투수판 위의 발(足)을 뺄 수 있으나 발을 빼고 난 뒤에 곧바로 다시 투수판을 밟고 투구해서는 안된다. 이와 같은 투구는 심판에 의해 퀵 피치(Quick Pitch)로 간주된다. 투수는 투수판을 벗어나면 반드시 두 손을 신체의 양쪽으로 내려야 한다. 투수가 사인을 볼 때마다 투수판을 벗어나도 안된다.

① 투수가 준비동작을 일으키고 나서 타자에의 투구에 관련한 동작을 일으키기까지는 언제든지 루에 송구할 수 있다. 이때 그에 앞서서 송구하려는 루의 방향으로 직접 내딛는 것이 필요하다.

· 투수는 송구 전에 반드시 발을 내딛어야 하며 손목만으로 송구하는 스냅 스로(Snap throw)를 한 후 루로 향하여 내딛을 경우에는 보크가 된다.

② 루에 주자가 없는 상황에서 투수가 반칙투구를 하였을 경우 그 투구는 볼이 선언된다. 단, 타자가 안타, 실책, 사사구, 기타로 1루에 도달하였을 경우는 제외한다.

· 투구동작 중에 투수의 손에서 미끄러진 공이 파울 라인을 넘게 되면 볼로 선고되고 기타의 경우에는 투구로 선고되지 않는다. 주자가 루에 있을 때는 보크가 된다.

③ 투수가 투수판에서 발을 뒤쪽으로 뺐을 때는 내야수로 간주된다. 따라서 그 위치에서 루에 송구한 공이 악송구가 되었을 경우 다른 내야수에 의한 악송구와 동일하게 취급된다.

● 투수의 금지사항

① 투수가 투수판을 둘러싼 5.486m의 둥근 장소 내에서 투구하는 맨손을 입 또는 입술에 대는 행위. 단, 양팀 감독의 동의를 얻을 경우, 심판은 추운 날씨 등의 경우에는 경기에 앞서 투수가 손을 부는 행위를 허용할 수 있다.

· 페널티 : 이 사항을 위반하였을 경우 심판은 볼을 선언한다. 이 선언에도 불구하고 투수가 투구하여 타자가 안타, 실책, 사구(死球), 기타의 이유로 1루에 나가고, 적어도 다음 루에 진루하기 전에 어느 주자든지 살아 있을 경우 플레이는 계속된다. 그러나 위반을 반복한 투수는 커미셔너로부터 벌금을 부과당한다.

· 공에 이물을 붙이는 것.

· 공, 손 또는 글러브에 침을 바르는 것.

· 공을 글러브나 신체 또는 옷에 문지르는 것.

· 공에 상처를 내는 것.

· 공을 마찰하여 미끈미끈하게 만든 샤인 볼(Shine Ball), 공에 침을 바른 스피트 볼(Spit Ball), 공에 진흙을 바른 머드 볼(Mud Ball), 공을 샌드 페이퍼로 꺼칠꺼칠하게 한 에머리 볼(Emery Ball)을 투구하는 것.

이때, 투수가 맨손으로 공을 문지르는 것은 허용된다. 또한 공에 입김을 쏘이는 것도 금지되고 있다.

② 투수가 이물질을 신체에 붙이거나, 소지하는 것. 이를 위반한 투수는 즉시 퇴장시킨다.

③ 타자가 배터즈 박스에 있을 때 포수 이외의 야수에게 송구하

여 고의로 게임을 지연시키는 행위. 단, 주자를 아웃시키기 위한 것은 제외한다.

　　· 페널티 : 심판은 일단 경고를 하고, 그래도 지연행위가 반복 되면 그 투수를 퇴장시킨다.

④ 고의적으로 타자를 향해 투구하는 행위

이같은 반칙행위가 생겼다고 심판이 판단한 때는 투수와 수비측 팀의 감독에게 재차 이와 같은 투구를 하면 투수를 즉시 퇴장시킨 다는 내용의 경고를 한다. 동시에 공격측 팀의 감독에게도 그 감독 의 팀의 투수가 이와 같은 투구를 하게 되면 그 투수를 즉시 게임 에서 퇴장시킨다는 경고를 한다. 그 후 심판은 양팀 투수가 이와 같 은 투구를 하였다고 판단하면 즉시 그 투수를 게임에서 퇴장시킨 다.

● 투수는 매회 처음에 등판할 때 혹은 다른 투수를 구원할 때는 포수를 상대로 8구를 초과하지 않는 준비투구를 하는 것을 허용한 다. 그 동안 플레이는 정지된다. 그러나 준비투구의 수를 8구 이하 로 제한할 수도 있다. 이 준비투구는 어느 경우에나 1분을 넘지 못 한다. 단, 공인된 사고로 인해 준비운동을 할 기회를 얻지 못하고 등판한 투수에게는 주심은 필요하다고 인정되는 수의 투구를 허용 할 수 있다.

● 루상에 주자가 없을 때 투수는 공을 받고 20초 이내에 타자에 게 투구해야 한다. 이것을 위반하여 게임을 지연시켰을 경우 주심 은 볼을 선언한다. 이는 불필요한 지연을 피하기 위한 것으로 심판 은 다음 사항을 강조하고, 그럼에도 불구하고 투수의 명백한 지연 행위가 있었을 때는 지체없이 볼을 선언한다.

① 투구를 잡은 포수는 곧 투수에게 공을 되돌려 줄 것.

② 이 공을 받은 투수는 곧 투수판을 밟고 투구위치에 설 것.

● 루상에 주자가 있을 때 다음의 경우는 보크가 된다.

① 투수판을 밟고 투구에 관련된 동작을 일으킨 후 그 투구를 중지하였을 경우, 즉 왼손잡이, 오른손잡이 어느 투수라도 투수판을 밟지 않은 발이 투수판의 뒤끝을 넘게 되면 타자에게 투구해야 한다. 단, 2루주자에 대한 픽 오프 플레이(Pick off Play)일 경우 2루에 송구하는 것은 허용한다.

② 투수판을 밟고 있는 투수가 1루에 송구하는 흉내만 내고 실제로 송구하지 않을 경우.

③ 투수판을 밟고 있는 투수가 루에 송구하기 전에 발을 직접 그 루의 방향으로 내딛지 않았을 경우.

④ 투수판을 밟은 채로 주자가 없는 루에 송구하거나 송구하는 흉내를 하였을 경우. 단, 플레이에 필요하다면 상관없다. 그러나 주자 1루시 주자가 없는 2루에 송구하거나 송구하는 흉내를 하면 보크가 된다. 1루주자가 2루에 도루하려는 것을 방지할 목적으로 제1동작으로 2루의 방향으로 올바르게 자유스러운 발을 내딛으면 보크는 안된다. 또한 투수가 투수판을 정규로 떼었으면 스탭을 하지 않고 송구해도 괜찮다.

⑤ 투수가 반칙투구를 하였을 경우.

⑥ 투수가 투구할 때 타자 쪽으로 얼굴을 향하지 않았을 경우.

⑦ 투수가 투수판을 밟지 않고 투구에 관련되는 동작을 하였을 경우.

⑧ 투수가 불필요하게 게임을 지연시켰을 경우.

⑨ 투수가 공을 갖지 않고 투수판에 서거나, 가로 서거나, 떨어져서 투구하는 흉내를 하였을 경우.

⑩ 투수가 정규의 투구자세를 취한 후 실제로 투구하거나, 루에 송구할 경우를 제외하고 공에서 한쪽 손을 떼었을 경우.

⑪ 투수판을 밟은 채로 투수가 고의건 우연히건 공을 떨어뜨렸을 경우.

⑫ 고의사구가 기도되었을 때 투수가 캐처즈 박스 안에 없는 포수에게 투구했을 경우.

⑬ 투수가 세트 포지션으로부터 투구할 때 잠시 동안 완전히 정지하지 않고 투구했을 경우. 이 때는 볼 데드가 되고 각 주자는 아웃될 염려없이 1루씩 진루할 수 있다. 단, 타자가 안타, 실책, 사사구 등으로 1루에 도달하고 또한 다른 모든 주자가 최소한 1개의 진루를 하였을 때는 플레이는 보크와 관계없이 계속된다.

• 감독이나 코치가 투수에게 갈 때 지켜야 할 규칙

① 감독 또는 코치가 한 회에 같은 투수에게 두번째 가게 되면 그 투수는 자동적으로 게임에서 물러나야 한다.

② 감독 또는 코치는 동일타자가 타석에 있을 때 재차 그 투수에게 갈 수 없다.

③ 공격측이 그 타자에게 대타자를 내었을 경우는 감독 또는 코치는 재차 그 투수에게 가도 좋으나, 그 투수는 게임에서 물러나야 한다. 감독 또는 코치가 투수에게 간 다음 투수판을 중심으로 5.486m의 둥근 장소를 떠나면 한번 간 것이 된다. 투수판을 둘러싼 5.486m 둘레의 장소를 파울 라인으로 대치하여 적용하기 때문이다.

• 감독 또는 코치가 투수에게로 간 후 파울 라인을 넘어오면 그 투수는 그 타자가 아웃되거나 주자가 되거나 또는 공수교체가 될 때까지 투구한 후가 아니면 물러날 수 없다. 단, 그 타자에 대타자가 나왔을 때에는 관계없다.

10. 심판

① 각 심판은 리그 및 프로페셔널 베이스 볼의 대표자이며 각종 규칙을 적용할 권한과 책임이 있다. 심판은 선수, 코치, 감독뿐만 아니라 각 팀의 관계자 및 운동장 종사자에게도 소정의 책임을 관장하는 권한과 규정의 페널티를 과할 권한이 있다.

② 각 심판은 규칙에 명백히 규정되어 있지 않은 사항에 관하여는 자기 재량에 의하여 판정을 내릴 권한이 있다.

● 심판의 권한

① 타구가 페어인가 파울인가, 투구가 스트라이크인가 볼인가 주자가 아웃인가, 세이프인가 하는 판정뿐만 아니라 심판의 판단에 의한 판정은 최종인 것이므로 선수, 감독, 코치 또는 후보선수가 그 판정에 대하여 이의를 주장할 수 없다. 따라서 볼, 스트라이크의 판정에 대하여 이의를 제기하기 위해 선수가 수비위치나 루를 떠나거나 감독 또는 코치가 벤치 또는 코처스 박스를 떠나는 것을 허용하지 않는다.

선언에 이의를 주장하기 위하여 홈플레이트 쪽으로 오면 경고를 하고, 경고에도 불구하고 계속 오게 되면 게임에서 퇴장시킨다.

② 심판의 판정이 규칙에 위반된다는 정당한 의심이 갈 경우, 감독만이 그 판정에 관하여 올바른 규칙 적용을 요구할 수 있다.

③ 판정에 대해서 어필을 받았을 경우, 심판은 최종의 판정을 내리기 전에 다른 심판의 의견을 요청할 수 있다. 판정을 내릴 심판으로부터 상의를 받았을 경우를 제외하고 심판은 타 심판의 판정에 대하여 비평을 하거나 변경을 요청하거나 간섭할 수 없다. 흔히 있는 하프 스윙(Half Swing)때 주심이 스트라이크를 선고하지 않았을 경우에 한하여 감독 또는 포수는 스윙 여부에 대하여 루심의 조언을 얻도록 주심에게 요청할 수 있다. 감독은 심판이 불합리한 판정을 했더라도 불평해서는 안된다. (단, 심판이 동료에게 조언을 구하지 않은 경우는 제외한다. 루심은 주심의 요구에 대하여 신속히 답해야 한다. 감독은 하프 스윙에 관한 정보를 요구하는 것을 핑계삼아 볼 또는 스트라이크의 판정에 대하여 이의를 제기할 수 없다.)

하프 스윙에 관한 어필은 볼이 선언된 경우에만 가능하며, 어필이 있을 경우 주심은 루심에게 하프 스윙에 관한 판정을 위탁할 수 있다. 이때 루심의 판단이 최종적인 것이 된다.

④ 질병 또는 부상에 의하지 않고는 어떤 심판도 게임 중에 교대할 수 없다.

11. 공식기록

■ 타점(Runs batted in)
• 타점 기록의 경우

① 타자가 안타, 희생번트, 희생 플라이 또는 내야의 아웃 및 야수선택에 의하여 주자를 득점시키거나 만루때의 사사구, 주루방해와 도루방해에 의하여 타자가 주자가 되어 득점이 기록되었을 경우 타자에게 타점을 준다.

- 주자가 없는 상황에서 타자가 홈런을 치면 타점 1을 기록한다. 또 주자를 놓고 타자가 홈런을 치면 그 주자와 함께 얻은 득점수와 같은 타점을 얻는다.
- 노아웃 또는 원아웃 때 3루주자가 쉽게 득점할 수 있을 경우, 그 플레이중에 실책이 발생하여도 득점에 관해서는 타점을 인정하며, 노아웃 또는 원아웃 상태에서 주자 1루에 있을 때를 제외하고 포수가 제3스트라이크를 잡지 못하고 1루에 송구하여 타자를 아웃시키는 동안 3루의 주자가 득점한 경우 타자에게 득점타를 인정한다.

② 타자가 포스 더블플레이 또는 리버스 포스 더블플레이가 된 땅볼을 쳤을 때는 그 타자에게 득점을 주지 않는다.

③ 타자가 포스 더블플레이가 될 땅볼을 친 후 야수가 1루에서 공을 잡지 못하여 그 야수에게 실책이 기록된 경우에는 타점이 인정되지 않는다.

④ 기록원은 야수가 공을 잡고 있거나 또는 엉뚱한 루에 송구할 때 발생한 득점에 관해 타점기록 여부를 결정해야 한다. 주자가 계

속 뛰어 들어간 경우에 타점을 기록하나 일단정지하여 미스 플레이를 본 후 다시 뛰어 들어갔을 경우는 야수선택에 의한 득점으로 기록하는 것이 일반적이다.

⑤ 승리타점(R.B.I.)은 끝까지 계속된 리드를 얻게 한 득점이지만 매 경기마다 있는 것은 아니다.

■안타

● 안타로 되는 경우

① 페어 볼이 야수에게 닿기 전에 페어지역에 떨어지거나 페어지역 내의 펜스에 맞거나 페어지역의 펜스를 넘었기 때문에 타자가 안전하게 1루 또는 그보다 앞의 루에 살아 나간 경우.

② 페어 볼이 강습이거나 지나치게 약하여 야수가 처리하지 못해 타자가 안전하게 1루에 살아 나간 경우.

③ 페어 볼이 불규칙 바운드하여 야수의 보통수비로는 처리할 수 없게 되었거나 야수에게 닿기 전에 투수판이나 각 루에 맞아 야수의 보통수비로는 처리할 수 없어 타자가 안전하게 1루에 살아 나간 경우.

④ 페어 볼이 야수에 닿지 않고 외야의 페어지역에 도달하여 타자가 안전하게 1루에 나갈 수 있게 되고, 그 타구를 야수가 보통수비로는 도저히 처리할 수 없다고 기록원이 판단한 경우.

⑤ 야수에게 닿지 않고 페어 볼이 주자나 심판원에 닿았을 경우.

⑥ 타구를 다룬 야수가 앞서 가는 주자를 아웃시키려다 성공하지 못하고, 그 타자에 대하여 보통의 수비로는 1루에서 타자주자를 아웃시킬 수가 없었다고 기록원이 판단한 경우.

● 안타로 기록되지 않는 경우

① 타자의 타구로 주자가 포스 아웃되거나 야수의 실책으로 포스 아웃을 면한 경우.

② 타자가 분명히 안타라고 생각되는 타구를 쳤으나 진루의 의무를 지닌 주자가 다음 루를 밟지 않아 어필에 의하여 아웃되었을 때는 그 타구에 안타를 주지 않고 타수 1을 기록한다.

③ 타구를 다룬 투수, 포수 또는 내야수가 다음 루에 가려고 하거나 원래의 루로 되돌아 가려는 선행주자를 아웃시킨 경우나 실책이 아니었더라면 보통수비로 아웃시킬 수 있었을 경우에는 타자에게 안타를 주지 않고 타수 1을 기록한다.

④ 타자가 1루에서 아웃될 것이라고 기록원이 판단하였을 때 야수가 선행주자를 아웃시키려고 하였으나 성공하지 못하였을 경우.

⑤ 타구를 수비하려는 야수를 방해하여 주자가 아웃을 선고받은 경우. 단, 기록원이 그 타구를 안타로 판단하였을 경우 타자에게 안타를 기록한다.

■ 단타와 장타의 결정

● 안타를 단타, 2루타, 3루타 또는 홈런으로 기록하는 경우는 다음에 의하여 결정한다.

① 다음 ②③의 경우를 제외하고 타자가 1루에서 멎으면 단타, 2루에서 멎으면 2루타, 3루에서 멎으면 3루타, 모든 루를 다 밟고 득점을 하면 홈런으로 기록한다.

② 루에 주자가 있을 때 수비측이 선행주자를 아웃시키려고 하는 동안에 안타를 친 타자가 몇개의 루를 갔어도 기록원은 타자가 정당한 2루타 또는 3루타를 쳤는가 또는 선택으로 진루하였는가를 결정한다.

③ 타자가 슬라이딩하여 2루타 또는 3루타를 기도할 경우 그는 가려고 하는 마지막 루를 확보해야 한다. 타자가 오버 슬라이드하였다가 루에 되돌아 오기 전에 태그 아웃이 된 경우는 타자가 안전하게 확보한 루와 같은 수의 루타를 준다. 즉, 타자가 2루에서 오버 슬라이드하여 태그 아웃이 되면 단타를 주고 3루에서 오버 슬라이드하여 태그 아웃이 되면 2루타를 기록한다.

④ 타자가 안타를 쳤는데 베이스 터치를 하지 않아 아웃을 선언당할 경우, 안전하게 진루한 루에 의해 단타, 2루타, 3루타를 결정한다. 즉, 타자가 2루를 밟지 않고 아웃이 되었을 때는 단타, 3루를 밟지 않고 아웃이 되었을 때는 2루타, 홈플레이트를 밟지 않고 아웃이 되었을 때는 3루타를 각각 기록한다. 1루를 밟지 않고 아웃이 되었을 때는 타수 1을 기록하고 안타는 인정하지 않는다.

■ 도루

• 주자가 안타, 자살(刺殺), 실책, 포스 아웃, 야수선택, 패스트 볼, 폭투, 보크에 의하지 않고 1개의 루를 갔을 때에 도루가 기록된다.

① 주자가 투수의 투구에 앞서 다음 루를 향하여 스타트하였을 때는 그 투구의 결과가 폭투, 포일(패스트 볼)로 기록될 상황이라도 그 미스 플레이는 기록하지 않고, 그 주자에게 스틸을 기록한다. 미스 플레이의 결과로 도루를 기도한 주자가 목표한 루보다 더 많은 루에 진루하거나 다른 주자가 진루하였을 경우 도루와 함께 와일드 피치 또는 패스트 볼로 기록한다.

② 주자가 도루를 기도하고 있을 때 투구를 받은 포수가 도루를 막으려 한 것이 악송구가 되면 도루만을 기록한다.

③ 도루를 기도한 주자가 견제구에 걸렸으나 수비측의 실책 없이 런다운 플레이에서 아웃을 당하지 않고 진루했을 경우에 도루를 기

록한다. 또 도루를 기도한 주자가 수비측의 실책이 없이 런다운 플레이에서 아웃을 당하지 않고 본래의 루로 안전하게 되돌아 가는 사이에 다른 주자가 진루했으면 진루한 주자에는 도루를 기록한다.

④ 더블 스틸, 트리플 스틸에서 어떤 주자가 가려고 하는 루에 닿기 전에 또는 루에 닿은 후 오버 슬라이드하여 야수의 송구로 아웃되었을 때 아무 주자에게도 도루가 기록되지 않는다.

⑤ 도루를 기도한 주자가 오버 슬라이드한 후 태그 아웃된 경우 그 루에 되돌아가려고 하였거나 다음 루에 가려 하였거나를 막론하고 그 주자에게는 도루를 기록하지 않는다.

⑥ 야수가 송구를 떨어뜨려도 도루를 기도한 주자가 살았다고 기록원이 판단했을 때는 송구를 떨어뜨린 야수에는 실책을, 송구한 야수에는 어시스트를 기록하고, 주자에는 도루 실패를 기록한다.

⑦ 주자가 주자의 진루에 대한 수비측의 무관심으로 진루했을 경우에 도루는 기록되지 않고 야수선택으로 기록된다.

■ 도루자

① 다음에 해당하는 주자가 아웃되거나, 실책이 없었다면 아웃이 되었을 경우 그 주자에게 도루자(盜壘刺)를 기록한다.

- 도루를 기도하였을 경우.
- 견제구에 걸린 후 진루하려 할 경우. 그 이유는 다음 루를 향한 어떠한 움직임도 진루하려는 의도로 간주되기 때문이다.
- 도루할 때 오버 슬라이딩하였을 경우.

■ 희생 번트와 희생 플라이

① 노아웃 또는 원아웃 상황에서 타자가 번트로 1명 또는 그 이상의 주자가 진루하고, 타자가 1루에서 아웃되거나 실책이 없었다면 아웃되었을 경우 희생 번트로 기록한다.

② 노아웃 또는 원아웃에 번트를 다룬 야수가 다음 루에 가려는 주자를 아웃시키려고 하였으나 실책 없이 살렸을 때는 희생 번트로 기록한다. 그러나 번트한 타구를 잡은 야수가 선행주자를 아웃시키려 하였으나 실패하고, 완전한 수비를 하였더라도 타자를 1루에서 아웃시킬 수 없었다고 기록원이 판단할 경우 희생타가 아닌 안타를 기록한다.

③ 번트에 의해 진루하려던 주자 중에서 1명이라도 아웃(포스 아웃이든 태그 아웃이든 구별없이)이 되었을 때 타자에게 타수 1을 기록할 뿐 희생 번트를 기록하지 않는다. 그러나 번트로 2루에 간 1루의 주자가 2루에서 오버 런 또는 오버 슬라이드하여 야수에게 태그 아웃될 경우에는 타자가 주자를 안전하게 다음 루에 보냈더라도 주자 자신의 실수로 아웃된 것이므로 타자는 책임을 다한 것이 되어 희생 번트로 기록한다.

④ 타자가 번트를 하였을 때 주자를 진루시키려는 목적이 아니고 안타를 얻기 위한 것이었다고 기록원이 판정하였을 때는 타자는 희생 번트로 기록하지 않고 타수 1을 기록한다. 다만, 애매모호할 경우에는 항상 타자에 유리하도록 기록한다.

■ 사구(四球, Base on balls)

① 스트라이크 존 밖으로 4개의 공이 투구되어 타자에게 1루가 주어졌을 경우 사구(死球)로 기록된다. 그러나 사구째의 투구가 타자의 몸에 닿았을 때는 사구(四球)가 기록된다.

② 투수가 마지막 공을 스트라이크 존에 투구하려 하지 않고 고의적으로 캐처스 박스 밖에 있는 포수에게 투구할 때는 고의사구를 기록한다.

·사구가 주어진 타자주자가 1루에 나가지 않았기 때문에 아웃이 선언되었을 경우는 사구를 취소하고 타수를 기록한다.

■ 스트라이크 아웃

① 다음의 경우에는 스트라이크 아웃이 기록된다.

- 포수가 제3스트라이크를 받았기 때문에 타자가 아웃되었을 경우.
- 노아웃 또는 원아웃 시 주자 1루에 있을 때 포수가 받지 못한 제3스트라이크로 타자가 아웃되었을 경우.
- 포수가 제3스트라이크를 받지 못하여 타자가 주자가 되었을 경우.
- 투 스트라이크 후 타자가 번트를 하였으나 파울 볼이 되었을 경우.

② 타자가 투 스트라이크 후 물러나고 대타자가 스트라이크 아웃으로 끝났을 때는 먼저번 타자에게 스트라이크 아웃과 타수를 기록하고, 교대된 타자가 스트라이크 아웃 이외로 타격이 끝났을 경우 (사구 포함) 모두 교대된 타자의 행위로 취급한다. 한 타석에 3명의 타자가 교대되어 세번째 타자가 스트라이크 아웃으로 끝났을 때는 스트라이크가 선언된 때에 타격을 한 타자에게 스트라이크 아웃과 타수를 기록한다.

■ 자책점

① 자책점이란 투수가 책임을 져야 할 득점을 말한다.

자책점을 결정하려면 실책과 패스트 볼을 제외하고 그 이닝을 재구성해야 한다. 실책 등에 의해 진루한 루를 결정할 경우 모호한 것은 투수에게 유리하도록 한다. 자책점을 결정할 경우 고의사구도 보통의 사구(四球)와 같은 것으로 간주한다.

· 자책점은 수비측이 3번의 아웃을 시킬 수 있는 수비기회를 얻기 전에 안타, 희생 번트, 희생 플라이, 도루, 푸트아웃, 야수선택, 사사구(고의사구 포함), 보크, 폭투(제3스트라이크 째의 와일드 피치로 인하여 타자가 1루에서 살았을 경우 포함) 등에 의하여 주자가 득점할 때마다 기재된다. 그리고 수비측의 방해는 여기에서 말하는 아웃이 되는 수비기회에 포함된다.

② 다음의 이유로 1루에 진루한 주자가 득점하더라도 자책점으로 기록되지 않는다.

· 파울 플라이 볼을 잡지 못해 타격시간이 지연된 타자가 안타 또는 기타 사유로 1루에 나갔을 경우.

· 타격방해 또는 주루방해로 1루에 나갔을 경우.

· 야수의 실책으로 1루에 나갔을 경우. 실책에 의하여 아웃을 면한 주자에 대하여 타자의 행위에 근본적인 원인이 있는 야수의 선발수비의 결과 타자가 1루를 얻었을 경우도 마찬가지다.

③ 실책이 없었더라면 아웃이 되었을 주자가 실책으로 아웃을 한 후 득점하였을 경우 자책점이 되지 않는다.

④ 실책, 패스트 볼, 수비측의 방해 혹은 주루방해로 진루한 주자가 득점한 경우. 이와 같은 미스 플레이가 아니었더라면 득점할 수 없었을 것이라고 기록원이 판단하였을 경우 자책점으로 기록되지 않는다.

⑤ 자책점을 계산할 경우에는 투수의 실책은 다른 야수의 실책과 같이 취급된다. 실책이 있었을 경우, 실책 없이 주자가 진루할 수 있었던 루를 결정하는 데 의문점이 있으면 투수에게 유리하도록 한다.

⑥ 이닝 도중에 투수가 교체되었을 경우, 전임투수가 남긴 주자의 득점 및 전임투수가 남긴 주자를 아웃시킬 때 야수선택으로 출루한 주자의 득점은 구원투수가 아닌 전임투수의 책임으로 한다.

⑦ 구원투수는 교대할 당시 타자가 결정적으로 유리한 볼 카운트에 있을 경우, 그 타자에게 허용한 사구(四球)에 대해서는 책임을 지지 않는다.

· 투수가 교대할 당시 볼 카운트가 다음과 같은 상황에서 그 타자가 사구(四球)를 얻었을 경우에는 그 타자의 타석과

사구(四球)는 전임투수의 책임으로 한다.

· 그러나 타자가 안타, 실책, 야수선택, 포스 아웃(봉살), 사구(四球) 등으로 출루하였을 경우 구원투수의 책임이 된다.

● 투수가 교대되어 출장하였을 당시 타자의 볼 카운트가 다음과 같은 경우 그 타자 및 그 타자의 행위는 구원투수의 책임이 된다.

⑧ 이닝 도중 투수가 교대될 경우에는 구원투수가 출장하기까지의 실책 또는 패스트 볼에 의한 아웃의 기회의 혜택을 받지 못한다.

■ 승리투수와 패전투수

① 선발투수는 최소한 5회 이상은 완투한 후에 물러나야 한다. 그때 자기편 팀이 리드 상태에 있고 그 리드가 게임의 최후까지 지속되었을 경우 선발투수를 승리투수로 기록한다.

② 선발투수가 최소한 5회의 투구가 필요하다는 규정은 6회 이상의 게임에는 전부 해당된다. 게임이 5회에서 완료되었을 경우에는 선발투수가 최소한 4회를 완투한 후에 물러나야 하며, 그때 자기 팀이 리드의 상태에 있고 그 리드가 게임의 최후까지 지속되었을 경우, 선발투수를 승리투수로 기록한다.

③ 선발투수가 ①②항 규정에 의하여 승리투수가 되지 못하고 2명 이상의 구원투수가 출장하였을 경우 다음 기준에 의하여 승리투수를 결정한다.

· 선발투수의 임무중에 승리팀이 리드를 하여 그 리드를 최후까지 유지하였을 경우 승리하는 데 가장 효과적인 투구를 하였다고 기록원이 판단한 1명의 구원투수에게 승리투수를 기록한다.

· 게임 도중 동점이 되면 투수의 승패 결정에 관해서는 게임이 새로 시작한 것으로 기재한다. 예를 들면 5:1로 이긴 상

태에서 구원투수와 교체하였으나 5:5로 동점이 된 후 6:5로 이길 경우 구원투수가 승리투수가 된다.

· 상대 팀이 한번 리드하면 그동안 투구한 모든 투수는 승리투수의 결정에서 제외된다. 단, 리드하고 있는 상대 팀에 대하여 투구하고 있는 동안에 자기 팀이 다시 리드를 되찾고 그 리드가 최후까지 유지되었을 경우 그 투수가 승리투수가 된다.

· 투구중에 자기 팀이 리드를 되찾고 자기 팀이 그 리드를 최후까지 유지하였을 경우 그 투수가 승리구원투수가 된다. 그러나 구원투수가 일시적 비효과적인 투구를 하고 그 후에 출장한 구원투수가 리드를 유지하는 데 충분하고 효과적인 투구를 하였을 경우, 앞서의 구원투수에게 승리투수를 기록하지 않고 다음 투수에게 승리투수를 기록한다.

④ 투수가 대타자 또는 대주자와 교대하고 물러난 회에 자기 팀이 득점을 하여 리드를 되찾았을 경우, 승리투수의 기록 결정은 그 투수의 임무중에 얻은 것으로 한다.

⑤ 투수가 자기 팀이 리드당하고 있을 때 교대되거나 교대한 후에 자기의 책임이 되는 실점 때문에 자기 팀이 리드당한 후, 자기 팀이 동점을 만들거나 역전을 시키지 못할 경우, 투구 횟수에 불구하고 그 투수를 패전투수로 기록한다.

⑥ 완투하거나 제1회에 무사(無死) 무실점인 때에 교대하여 무실점의 상태로 게임을 종료한 투수에게 셧 아웃(완봉승)을 기록한다. 투수가 2명 이상 교대하여, 셧 아웃을 하였을 때에는 리그의 공식투수 성적에 그 내용의 설명을 붙인다.

⑦ 선수권 게임이 아닌 올 스타 게임과 같은 경우 미리 투구 횟수가 2~3회로 결정될 때가 있다. 이런 경우 선발투수나 구원투수에 관계없이 승리 팀이 끝까지 계속된 리드를 하였을 경우, 그 첫 리드를 한 당시의 투수에게 승리투수를 기록하는 것이 관례이다.

단, 승리팀이 결정적인 리드를 한 후라도 그 타수가 녹아웃되어 오히려 구원투수가 승리투수로서의 자격이 있다고 판단될 경우 그 다음 투수를 승리투수로 기록한다.

■ 구원투수의 세이브 결정

• 다음 세 가지 항목을 다 이룩한 투수에게는 세이브의 기록이 주어진다.

① 자기 팀이 승리를 얻은 게임에 마지막까지 던진 투수

② 승리투수의 기록을 얻지 못한 투수

③ 다음 각 항의 어느 것에 해당되는 투수

· 자기 팀이 3점 이하의 리드를 하고 있을 때 출장하여 최저 1이닝 투구하였을 경우와 자기 팀이 4점의 리드(루상에 1

주자), 5점의 리드(루상에 2주자), 6점의 리드(만루) 때 출장하여 최저회를 투구하였을 경우에도 같다.
· 루상의 주자, 상대하는 타자, 또는 그 다음 타자가 득점하면 동점이 되는 상황에서 출장하였을 경우.
· 최저 3이닝 이상 효과적으로 투구하였을 경우, 세이브의 기록은 1게임에 한 구원투수에 한하여 부여된다.

■ 연속기록의 규정

① 연속안타의 기록은 사사구(四死球), 타격방해 또는 주루방해 및 희생 번트에 의하여 중단되지 않는다. 그러나 희생 플라이는 그 기록을 중단하는 요소가 된다.

② 연속경기, 안타의 기록은 모든 타석이 사사구(四死球), 타격방해 또는 주루방해 및 희생 번트에 의하여 중단되지 않는다. 그러나 안타가 없고 희생 플라이만 있으면 그 기록을 중단하는 요소가 된다. 플레이어의 개인 연속경기 안타는 팀의 게임수에 의하지 않고 플레이어가 출장한 경기에 따라 결정한다.

③ 연속경기 출장 기록은 1회의 수비에 출장하거나 출루하거나 아웃되어 타격을 완료할 때까지 계속한다. 대주자로서 출장한 것만으로는 기록이 계속되지 않는다. 이 규정에 의한 조건을 갖추기전에 심판이 퇴장시킨 선수는 연속경기 출장기록이 계속된다.

④ 이 규정을 적용할 때 서스펜디드 게임, 재개경기의 모든 기록은 원래의 경기일에서 이루어진 것으로 한다.

■ 와일드 피치(폭투)와 패스트 볼(포일)

● 투수의 투구가 높거나 옆으로 빠졌거나 낮았기 때문에 포수가 보통의 수비행위로 막을 수도, 처리할 수도 없었기 때문에 주자를 진루시켰을 경우는 와일드 피치가 기록된다. 정규투구가 홈플레이

트까지 오기 전에 땅에 떨어져 포수가 처리할 수 없게 되어 주자를
진루시킨 경우는 와일드 피치가 기록된다.

① 평범한 수비로 받을 수 있는 정규의 투구를 포수가 놓치거나
처리하지 못하여 주자를 진루시켰을 경우는 포수에게 패스트 볼을
기록한다.

미니야구용어사전

게임 세트 (game set) 경기가 끝난 상태를 말하는 일본식 영어이다. 원어는 game is over 또는 game over라 한다.

게임차 (game behind) 1년 동안 많은 경기를 리그로 벌이는 프로야구에서 서로 경기 수가 다른 각 팀끼리의 성적을 비교, 검토할 때 쓰이는 수치. 갑을 두 팀간의 계산 공식은 다음과 같다.

$$\frac{(\text{갑의 승리수} - \text{을의 승리수})}{2} - \frac{(\text{갑의 패배수} - \text{을의 패배수})}{2}$$

무승부는 계산에 들어가지 않는다.

겟 투 (get two) 더블 플레이라고 부르는 것이 좋다.

견제구 주자가 다음 베이스로 가려는 것을 막거나 아웃시키기 위하여 투수 또는 포수가 야수에게 던지는 공.

고 의사구 (故意四球 intentional base on balls) 투수가 강타자와의 불리한 대결을 피하기 위해 포수와 짜고 고의로 사구(四球, base on balls)를 만들어 타자를 1루로 보내는 것. 경원사구(敬遠四球)라고도 한다.

공 과 (空過) 주자가 베이스를 밟지 않고 진루하는 것. 상대 팀의 어필에 의해서만 아웃이 되므로 심판은 항의가 있기 전에는 아웃을 선언할 수 없다.

구즈 에그 (goose egg) 0점이라는 뜻. 득점판에 거위알 같은 0의 행진이 계속되는 것을 말한다.

구원 투수 (救援投手) 선발투수를 돕기 위해 교체되어 들어가는 투수. 프로에서는 선발 전문투수와 구원 전문투수로 세분화되어 있다. 그러나 우리나라는 아직 투수난으로 확실한 구별을 못하고 있다.

규정타석 (規定打席) 개인의 타격성적을 결정하는 데 유자격자가 되기 위한 최소의 타석수. 규정 타석수는 경기수 × 3.1이다.

그라운더 (grounder) 땅볼.

그라운드 룰 (ground rule) 야구장 구조가 정규규격에 맞지 않아 그 야구장에 적합하도록 특별히 정한 규칙.

그라운드 홈런 (ground homerun) 타구가 펜스를 넘지 않았으나 기록상의 에러가 없는 수비측의 혼란으로 수비 처리가 제대로 되지 않는 동안에 타자가 홈에 들어오는 것을 말한다.

그래스 커터 (grass-cutter) 강한 땅볼, 땅을 스치는 맹타.

그랜드 슬램 (grand slam) 만루 홈런.

그립 (grip) 배트를 잡는 법이나 야수들의 글러브를 쥐는 법. 배트의 손잡이 부분도 그립이라 한다.

나이터 (nighter) 나이트게임 (night game, 야간경기) 의 일본식 용어이다.

나인 (nine) 9명으로 구성된 야구의 한 팀을 일컫는 말.

낫 아웃 (not out) 투 스트라이크 이후에 스트라이크로 들어온 공을 포수가 포구하지 못했을 때 스트라이크 아웃이 아니라는 것을 일컫는 말.

내셔널 리그 (national league) 아메리칸 리그와 함께 메이저 리그(major league)라 한다. 1876년에 설립된 미국 프로야구연맹으로, 현재 동서부로 각 6팀씩이 소속되어 있다.

내야 (infield) 1, 2, 3루와 홈플레이트를 연결하여 만들어진 다이아몬드 형태의 지역을 말한다. 내야수가 위치한 수비장소도 포함된다.

내야수 (infielder) 1루수, 2루수, 3루수, 유격수를 통틀어 부르는 말.

내야안타 (內野安打) 타구를 내야수가 실수없이 처리했으나 타자 주자가 1루에서 세이프된 타구.

너클 볼 (nuckle ball) 투수가 엄지손가락과 새끼손가락으로 공을 잡고 나머지 세 손가락 마디나 손톱 끝으로 떠밀어내듯 던지는 투구. 이 투구법의 특징은 속도가 느리고 회전이 적어 공이 흐느적거리면서 타자에게 접근하며, 타자 앞에서 갑자기 뚝 떨어지거나 휘어지는 것이다. 1922년 미국 필라델피아 어슬레틱스 팀의 에디론멜 투수가 처음 사용.

노 게임 (no game) 수비와 공격이 5회를 완료하지 못한 무효경기를 말한다.

노 런 (no run) 런(run)은 점수를 말한다. 따라서 무득점을 말한다.

노 스텝 (no step) 공을 잡아서 한 걸음도 움직이지 않고 바로 던지는 것.

노크 (knock) 수비연습을 위해 공을 쳐주는 것을 말한다. 정식으로는 필딩(fielding)이라고 한다. 노커(koncker)는 노크를 쳐주는 사람으로 잘 사용되지 않는다.

노 타임 (no time) 타임이 선언된 뒤 다시 시합을 진행시키기 위한 심판의 알림.

노 플레이 (no play) 시합에 어떠한 결과도 주지 않는 플레이.

노 히트 노 런 게임 (no hit no run game) 상대 팀을 무안타, 무득점으로 막아 이긴 경기. 퍼펙트 게임과 함께 투수에게 부여되는 자랑스런 기록이다.

다이아몬드 (diamond) 내야를 일컫는 말.

다이렉트 볼 (direct ball) 일직선으로 날으는 타구.

다이빙 캐치 (diving catch) 아주 낮게 날아오는 안타성 타구나 잡기 힘든 타구를 넘어지면서 잡는 동작.

단타 (短打) 장타를 목적으로 하지 않고 정확히 안타를 치기 위해 배트를 짧게 잡고 치는 것.

단타 (單打) 1루타.

대쉬 (dash) 돌진. 주로 내외야수가 공을 잡기 위해 앞으로 달려 나오는 것.

대저러 (dazzler) 강속구 또는 강속구 투수를 일컫는 말.

대주자 (代走者, pinch runner) 진루한 타자를 대신해서 기용된 주자.

대타자 (代打者, pinch hitter) 규정타순에 의한 타자 대신 타석에 들어서는 타자.

더그 아웃 (dug out) 선수 대기석.

더블 스틸 (double steal) 두 주자가 동시에 도루하는 것.

더블 플레이 (double play) 수비측이 연속된 플레이로 두 사람의 주자나, 주자와 타자주자를 연이어 아웃시키는 것. 병살(倂殺)이라고도 한다.

더블 헤더 (double header) 계속하여 같은 날에 같은 팀이 2번 시합을 하거나 계속하여 시행되는 두 게임.

데드 볼 (dead ball) 투수가 던진 공에 타자가 맞아 1루에 진출하는 것. 일본식 영어이며, 정식으로 히트 바이 피치(hit by pitch)이다. 데드 볼이란 死球를 일본사람들이 풀어서 만든 말로서, 볼 데드(ball dead)와는 전혀 다른 말이다.

도루 (盜壘, stolen base) 주자가 안타에 관계없이 수비측의 허점을 이용하여 다음 루에 진루하는 것.

드래그 번트 (drag bunt) 타자가 살기 위해 왼손 타자는 1루쪽으로, 오른손 타자는 3루쪽으로 끌어서 굴리는 번트. 세이프티 번트(safety bunt)는 일본식 용어.

드래그 히트 (drag hit) 공을 가볍게 맞혀 안타를 만드는 것.

드로운 게임 (drawn game) 무승부 시합.

스로 (throw) 송구(送球). 투수가 타자에게 던지는 투구(投球)와는 구별된다.

드롭 (drop) 타자 앞에 뚝 떨어지는 투구로 커브의 일종이다. 미국에서는 커브볼을 통틀어 가리킨다.

스리 번트 (three bunt) 투 스트라이크 이후에 하는 번트. 실패하면 아웃이 된다.

스리 쿼터 (three quarter) 오버핸드 스로와 사이드암 스로의 중간 지점에서 공을 던지는 것.

드림 게임 (dream game) 올스타 게임. '꿈의 구연'이라는 뜻이다.

득점타 (得點打) 어떤 타자의 도움으로 주자가 런인(run in)하여 득점을 올렸을 때 타자에게 주어지는 점수. 타점과는 다른 말이다.

디펜스 (defense) 수비측 팀. 또는 수비.

디플렉트 (deflect) 공이 야수의 글러브나 몸에 닿아 속도를 약하게 하거나 공의 방향을 바꾸게 하는 것.

라이너 (liner) 직선으로 뻗어가는 속도가 빠른 볼. 라인 드라이버(line driver)라고도 한다.

라이브 볼 (live ball) 인플레이 상태의 공을 말한다.

라이트 필더 (right fielder) 우익수.

라이트 필드 (right field) 외야의 우측 방면.

라인 업 (line-up) 타격 순서로, 배팅 오더(batting order)라고도 한다.

라이징 패스트 볼 (rising fast ball) 타자 앞에서 떠오르는 속구 반대로 가라앉는 속구(sinking fast ball)도 있다.

랑데뷰 홈 런 (rendezvous home run) 두 타자가 한 게임에서 나란히 연속 홈런을 친 경우.

러닝 캐치 (running catch) 달리면서 공을 잡는 것.

러닝 홈 런 (running home run) 그라운드 홈런.

럭키 세븐 (lucky seven) 행운의 7이라는 뜻으로 7회쯤 진행되면 투수가 피로해져 득점을 올리기 쉽다는 뜻이다.

럭키 존 (lucky zone) 외야의 좌·우익 펜스 방면으로 홈런이 잘 나오지 않으나, 거리가 짧아 오히려 홈런을 치기에 유리하다는 데서 나온 말.

런 (run) 점수. 득점도 홈인(home in)이 아니라 런인(run in)이 원어이다.

런 다운 플레이 (run down play) 주자를 양 루의 사이에 두고 아웃시키려는 플레이. 협살.

런 앤드 번트 (run and bunt) 주자는 무조건 뛰고 타자는 어떠한 공일지라도 번트하는 공격 작전.

런즈 배티드 인 (runs batted in) 타점. RBI로 쓴다.

레귤레이션 게임 (regulation game) 포수나 구심이 무릎 등을 보호할 목적으로 착용하는 보호용구.

레더 플레이어 (leather player) 수비는 훌륭하나 타격이 부진한 선수를 말한다.

레프트 필더 (left fielder) 좌익수.

레프트 필드 (left field) 외야의 좌익 방면.

레프트 핸더 (left hander) 왼손잡이.

로드 게임 (road game) 홈 그라운드 이외에서 하는 경기로, 원정경기를 말한다.

로우 볼 (low ball) 낮은 투구.

로진 백(rosin bag) 주로 투수가 사용하는 송진주머니를 말한다.

로킹 모션 (rocking motion) 투수가 투구 전에 팔과 몸을 흔들흔들거리는 동작.

로테이션 (rotation) 투수의 기용순서.

롱 페그 (long peg) 포수가 직접 2루로 송구하는 것.

롱 스윙 (long swing) 배트를 길게 잡고 휘두르는 스윙.

롱 히트 (long hit) 장타.

루키 (rookie) 유망한 신인선수를 말하는 것. 어원은 리크루트 (recruit；신병)이다.

리드 오프 맨(lead off man) 1번타자. 일반적으로 선구안(選球眼)이 좋고 발이 빠른 선수를 기용한다.

리딩 히터 (leading hitter) 수위타자.

마그네트 (magnet) 인기가 좋아 많은 관객을 동원시키는 능력이 있는 선수.

마스크 (mask) 주심과 포수가 얼굴을 보호하기 위해 쓰는 장신구.

머드 볼 (mud ball) 투수가 공에 진흙을 묻혀서 하는 투구. 반칙행위이다.

머프 (muff) 플라이 볼을 잡지 못하고 놓치는 것.

메티 시스 템(matty system) 만루 수비작전. 뉴욕 자이언트의 크리스티 메슈슨 투수가 고안한 것이다.

맨 오브 글 러브 (man of glove) 수비 전문 선수.

명예의 전당(the hall of fame) 야구의 발상지인 미국 뉴욕의 쿠퍼스 타운에 있는 야구 박물관.

몰수 경기 경기 중에 어느 팀의 심한 부정행위나 주심에 대한 불복종, 경기거부 등으로 경기를 몰수하는 것으로, 과실이 없는 팀에게 9-0의 승리가 부여된다. 포피티드 게임(forfeited game) 이라고 한다.

미스 저지 (mis judge) 잘못된 판정.

미트 (mitt) 포수와 1루수가 사용하는, 손가락이 구분되지 않는 글러브.

미트 (meat) 2번타자부터 5번타자까지의 강타자.

바이크 (vike) 경금속으로 만들어진 포수의 고환 보호기구.

방어율 투수의 성적을 나타내는 숫자. 숫자가 적을수록 성적이 좋다. 계산법은 (자책점 × 9) ÷ 투구회수.

배터 (batter) 타자. 배터즈 박스 안에서 공격하는 선수.

배터 러너 (batter runner) 타자주자. 타자가 타격을 끝마치고 난 순간부터 1루에서 아웃되거나 세이프되는 순간까지를 말한다.

배터리 (battery) 투수와 포수를 묶어서 부르는 말. 건전지의 ＋와 ─의 작용에서 비롯된 용어.

배트 붐 (bat boom) 타격이 호조를 보이는 시기.

배터 인더 홀 (batter in the hole) 볼 카운트가 타자에게 불리 할 때를 말함.

배팅 아이스 (batting eyes) 투수의 투구를 고르는 타자의 선구 안(選球眼).

베이스 커버 (base cover) 베이스가 비어 있을 때 다른 야수가 대신 수비를 하는 것.

베이스 코치 (base coach) 1루나 3루의 코처스 박스(coacher's box)안에 위치하여 타자 또는 주자를 지휘하는 유니폼을 착용한 팀의 일원.

베이스 히트 (base hit) 안타.

벤치 (bench) 선수석.

벤치 워머 (bench warmer) 후보선수.

벤치 코치 (bench coach) 경기장 내에서 경기에 대한 작전을 지시하는 사람.

보너스 베이비 (bonus baby) 연금을 받고 프로 계약을 한 선수. 우리나라에서는 계약금이라고 하나 미국에서는 보너스라고 한다.

보살 (補殺) 주자를 아웃시키는 데 도와준 플레이나 선수 어시스트(assist)라고도 한다.

보크 (balk) 주자가 루에 있을 때 투수가 범한 투구상의 반칙행위.

본 헤드 플레이 (bone head play) 바보, 얼간이와 같은 플레이를 말한다.

볼 (ball) 스트라이크 존을 통과하지 않은 투구.

볼 엄파이어 (ball umpire) 구심 (球審) 또는 주심 (主審).

볼 낫 인 플레이 (ball not in play) 시합 중지구.

볼 카운트 (ball count) 투수의 투구 중 스트라이크와 볼의 수효.

볼티모어 히트 (baltimore hit) 홈플레이트 가까이서 높게 바운드되어 체공시간이 길어 안타가 되는 타구.

배팅 애버리지 (batting average) 타격률(打擊率). 주로 타율이라고 한다.

배팅 오더 (batting order) 타격순(打擊順). 타순이라고도 한다.

배팅 케이지 (batting cage) 타격 연습용의 백 네트. 철망이나 그물로 만들어져 있다.

백 (bag) 베이스의 속칭.

백 그린 (back green) 타자에게 공이 잘 보이도록 하기 위해 중간 펜스 뒤쪽에 설치한 푸른색의 담이다. 백 스크린(back screen)이라고도 한다.

백 네트 (back net) 홈 뒤에 설치된 철망 또는 그물. 관중석을 파울볼로부터 보호하기 위한 것이다.

백 도어 슬라이드 (back door slide) 포수의 태그를 피하기 위해 뒤로 돌아 홈플레이트를 터치하는 슬라이드 방식.

백 스윙 (back swing) 타자가 공을 칠 때 배트를 뒤쪽으로 끌어 타이밍 조절과 힘껏 배트를 휘두르기 위한 준비동작.

백업 (back up) 공을 직접 잡으려는 또는 잡고 있는 야수가 실책이나 폭투를 할 것에 대비하여 수비선수의 뒤에서 이중수비를 하는 것.

밴조 히터 (banjo hitter) 힘이 약한 단거리 히터.

버키트 히터 (bucket hitter) 오픈 스탠스(open stance)의 타자.

번트 (bunt) 타석에서 타자가 배트를 휘두르지 않고 가볍게 대어 공을 내야에 굴리는 것.

베이스 러닝 (base running) 주루(走壘), 베이스 사이를 달리는 것.

베이스 맨 (base man) 루수(壘手). 1루수, 2루수 등.

베이스 스티커(base stiker) 베이스에서 리드를 많이 못하는 주자.

블루 다터(blue darter) 강한 라인 드라이브의 타구.

불 펜(bull pen) 투수연습장. 직역을 하면 외양간. 1876년 내셔널 리그에서 객석이 모자라 외야쪽 객석이 없는 곳에 싼 입장료를 받고 많은 관중을 입장시켰는데, 그때 관중들의 모습이 외양간 같아 보인 데서 유래된 말.

브레이크 (break) 곡구(曲球)의 커브 각도.

브레이킹 볼 (breaking ball) 변화구의 속칭. 커브볼, 슬라이더, 스크류볼, 너클볼 등.

블루프 히트(bloop hit) 강하게 맞지 않은 라이너나 야수들 사이에 떨어지는 플라이성의 안타.

블록 볼(block ball) 타구와 투구가 시합중 경기자나 심판 이외의 사람에게 터치되든가 멈추어졌을 때.

블록 시그날(bolck signal) 상대팀에서 감독·코치의 사인을 알아 차리지 못하도록 여러 가지 시그날을 혼성해서 내는 것을 말한다. 가장 많이 사용하는 사인 방법이다.

비지팅 팀(visiting team) 방문 (원정)온 팀을 말한다.

빈 볼(bean ball) 투수가 고의로 타자의 머리 부근을 겨누어 던지는 투구. 강타자가 나왔을 때 위협감을 주어 타격을 잘 못하도록 하기 위해 사용하는 것으로, 반칙투구이다.

사우스 포(south paw) 왼손잡이 투수, 미국 남부 출신의 선수 가운데서 왼손잡이가 많이 배출된 데서 유래된 말.

사이드 암 스로(side arm through) 옆으로 던지는 것. 사이드 스로는 잘못된 표현.

사이영 상(CY Young award) 미국에서 덴텐트루 영(별명=사이 영) 투수를 기념하기 위하여 해마다 최고 투수에게 주어지는 상이다.

사이클링 히트 (cycling hit) 한 선수가 한 게임에서 단타, 2루타, 3루타, 홈런을 순서에 관계없이 달성하는 것을 말한다. 올마이트 히트 (almight hit)라고도 한다.

사인 (sign) 신호, 암호. 시그널(signal)로도 쓰인다.

삼관왕 (三冠王) 타율, 타점, 홈런 등 3개 부문에서 동시에 1위를 차지한 선수를 말한다. 트리플 크라운(triple crown)이라고도 한다. 국내 최초로는 1984년의 삼성 이만수.

새도 플레이 (shadow play) 정규수비 위치에서 공을 사용하지 않고 동작만 흉내내는 것.

새크 리파이스 번트 (sacrifice bunt) 희생 번트.

새크 리파이스 히트 (sacrifice hit) 희생타.

샷 건 (shot gun) 어깨가 강한 야수나 외야수. 미식 축구에서 어깨가 강한 쿼터백의 경우도 이 말을 쓴다.

서브 머린 (submarine) 팔을 아래에서부터 위로 쳐올리듯이 하는 투구법.

서스 펜디드 게임 (suspended game) 다음날 계속하기로 하고 일단 정지된 경기. 일시 정지 게임.

선발투수 (先發投手) 경기를 시작할 때 첫번째로 기용된 투수.

세이브 (save) 구원투수의 승수. 일본은 1969년, 미국은 1975년에 각각 제정하였다.

세이프 (safe) 차지하려고 하는 루의 점유 권리가 주자에게 부여되는 심판의 선언.

세프티 번트 (safety bunt) 드래그 번트(drag bunt), 푸쉬 번트 (push bunt)의 일본식 영어.

세컨드 베이스 (second base) 2루.

셧 아웃 (shut out) 상대 팀에게 점수를 주지 않고 영패(零敗)시키는 것.

숏 바운드 (short bound) 공이 짧게 바운드되는 것.

숏 스윙 (short swing) 배트를 짧게 잡고 날카롭게 휘둘러서 치는 타법.

수비율 내·외야수의 수비성적을 말한다. 수비율＝(자살＋보살)÷(자살＋보살＋실책).

수위타자(首位打者) 타율이 가장 좋은 타자. 리딩 히터(leading hitter).

슈스트링 캐치 (shoestring catch) 전진, 또는 전진하여 타구가 지면에 닿기 전에 잡아내는 것. 구두끈을 맬 때 허리를 구부려야 하는 데서 나온 말이다.

슈트 (shoot) 스크류 볼(screw ball)의 일본식 영어. 속구를 슈트라는 사람도 있다.

스냅스로 (snap throw) 손목을 써서 송구하는 것.

스모크 볼 (smoke ball) 연기처럼 보이지 않게 빨리 들어오는 볼. 맹속구.

스위치 히터 (switch hitter) 좌우 어느 타석에서도 때릴 수 있는 타자를 말한다.

스윙 (swing) 타자가 배트를 휘두르는 것.

스코어보드 (score board) 득점 게시판.

스코어링 포지션 (scoring position) 득점할 수 있는 주자의 위치. 즉 2루나 3루에 주자가 있어 득점할 수 있는 기회일 때.

스퀴즈 번트 (squeeze bunt) 스퀴즈 플레이를 위한 번트.

스퀴즈 플레이 (squeeze play) 3루 주자를 홈으로 불러들이기 위해서 하는 번트 작전. 수사이드 스퀴즈와 세이프티 스퀴즈가 있다.

스크래치 히트 (scratch hit) 당연히 아웃될 타구가 우연히 안타가 되는 것. 행운의 안타.

스크류 볼 (screw ball) 투수가 공을 던질 때 커브와는 반대로 비틀어서 하는 투구. 리버스 커브라고도 하며, 슈트는 일본식 영어로 잘못된 표현이다.

스탠드 플레이 (stand play) 관중들에게 잘 보이려고 하는 과장된 동작의 플레이.

스탠스 (stance) 타자의 두 발의 위치 및 자세.

스터프 (stuff) 중요한 경우에 던지는 승부구나 변화구. 위닝 샷은 틀린 용어이다.

스톨른 베이스 (stolen base) 도루.

스토브 리그 (stove league) 시즌이 끝난 시기. 겨울에 선수들의 이동, 팀 사이의 동향 등을 둘러싸고 난로 앞에 둘러앉아 이야기한다는 데서 비롯된 말이다.

스토퍼 (stopper) 유능한 구원투수를 말한다.

스트라이크 (strike) 다음과 같은 투수의 정규 투구로서 심판이 선언한 것을 말한다.
① 타자가 치지 않은 투구 중에서 공의 일부분이라도 인플라이트(inflight)의 상태에서 통과한 것.
② 노 스트라이크 또는 원 스트라이크일 때 타자가 친 것이 파울 볼이 된 것.
③ 번트해서 파울 볼이 된 것.
④ 타자가 쳤으나(번트도 포함) 투구가 배트에 닿지 않은 것.
⑤ 바운드하지 않은 공이 스트라이크 존에서 타자의 몸에 닿은 것.
⑥ 파울 볼이 된 것.

스트라이크 아웃 (strike out) 삼진. 타자가 투수에게 스트라이크를 3개 빼앗겨 아웃되는 것.

스트라이크 존 (strike zone) 타자가 각자의 타격자세를 취하였을 때 어깨의 선으로부터 무릎까지 사이의 홈플레이트상의 공간. 즉 타자가 타구를 치기 좋은 위치로 공이 들어오는 공간.

스트레이트 (straight) 똑바름. 일직선. 연속적으로 볼을 4개 던져 타자를 걸려 보내는 때도 씀.

스트레이트 볼 (straight ball) 직구.

스트레치 (stretch) 중요한 때 긴장하여 전력을 다함을 말함. 팔이나 발의 움직임을 쭉 뻗어주는 것.

스페셜 그라운드 룰 (special ground rule) 야구장의 구조가 정식으로 되어 있지 않았을 때 특별히 그 구장에 맞도록 정해진 규칙.

스프레이 히터 (spray hitter) 어느 방향으로나 잘 때리는 타자.

스프링 캠프 (spring camp) 봄철에 행해지는 연습. 프로팀들이 다음 시즌에 대비하여 혹독한 강훈련을 하게 되는 캠프이다. 1896년 볼티모어 오리언즈의 네트 한론 감독이 처음으로 고안해냈다.

스프링 트레이닝 (spring training) 개막일이 되기 전에 벌이는 초봄의 연습. 동계훈련에서는 주력, 유연성, 순발력, 지구력에 치중하는 데 비해 이때는 실제 치고 받는 실전 연습이 시작된다. 그해의 팀구성을 계획하는 중요한 시기로 대개 따뜻한 곳에서 해외전지훈련을 하기도 한다.

스피트 볼 (spit ball) 공에 침을 발라 던지는 것. 반칙투구이다.

슬라이더 (slider) 속구와 커브의 혼성으로 타자의 바깥쪽으로 미끄러져 흘러 나가는 투구.

슬라이딩 캐치 (sliding catch) 미끄러 넘어지면서 잡는 동작.

슬러거 (slugger) 장타를 잘 치는 강타자.

슬럼프 (slump) 컨디션이 좋지 않은 상태.

슬로 볼 (slow ball) 느린 공.

승률 (勝率) 이긴 경기수÷총경기수.

승리투수 (勝利投手) 자기 팀을 승리로 이끈 투수.

시트 노크 (seat knock) 정규의 수비 위치에서 노커(knocker)가 친 공을 잡아 던지는 수비연습이다. 미국에서는 인필드 프랙티스 (infield practice)라고 한다.

신시내티 히트 (cincinati hit) 충분히 잡을 수 있는 공을 야수끼리 서로 양보하다가 허용하는 안타.

실책 아웃 주자를 살려주거나 진루를 허용하는 미스 플레이.

싱글 핸드 캐칭 (single hand catching) 한 손으로 공을 받는 동작.

싱글 히트 (single hit) 단타. 원베이스 히트.

싱커 (sinker) 투수의 볼이 타자 가까이에 와서 가라앉듯이 떨어지는 변화구이다.

아메리칸 리그 (American league) 미국 프로야구연맹으로써 내셔널 리그(national league)와 함께 메이저 리그(major league)라 한다. 현재 동서부 각 7개팀이 소속되어 있다.

아웃 (out) 수비팀이 공격측이 되려고 상대팀을 물러나가게 하는데 필요한 3개의 푸트 아웃(put out) 중의 하나이다.

아웃 커브 (out curve) 타자의 바깥쪽으로 굽어 나가게 하는 투구의 일종.

아웃 필더 (out fielder) 외야수.

아웃 필드 (out field) 외야.

안타 수비측의 실책 없이 타자가 안전하게 1루 또는 그 이상의 루에 나갈 수 있게 친 타구.

알파 (alpha) 시합중 마지막회에 수비팀이 공격을 하지 않아도 이겼을 경우 수비팀의 득점에 알파를 붙여서 알파 몇 점이라고 부를 때 씀.

압축 배트 원목을 1개월간 건조시켜 대충 원형으로 다듬은 다음 3개월간 수지(樹脂) 가공함으로써 완성시킨 배트로, 겉껍질이 잘 벗겨지지 않고 반발력도 강하다. 미국 메이저 리그와 일본과 우리나라의 프로야구는 반발력이 강해 이 압축배트 사용을 금하고 있다.

애드저지드 (adjudged) 심판의 판단으로 내리는 판정.

애플 (Apple) 야구의 속칭.

애트 배트 (at bat) 타수 즉 사구(四球), 사구(死球), 희생타, 포수의 타격방해는 포함되지 않은 타수를 말함.

야수 선택(野手選擇) 내야수가 땅볼을 잡아 1루에서 타자주자를 아웃시키지 않고 다른 루로 달리는 선행(先行)주자를 아웃시키려고 볼을 던졌으나 성공하지 못한 경우. 필더스 초이스(fielder's choice)라고도 한다.

어시스트 (assist) 보살(補殺), 자살(刺殺)을 시킬 때까지 조력을 해준 야수에게 주어지는 기록상의 술어.

어언드 런 (earned run) 상대의 실책에 의하지 않은 득점. 즉, 안타, 보크, 희생타, 도루, 사구, 폭투 등 투수의 책임에 의하여 주자가 되어 살아 돌아왔을 때의 득점. 투수의 자책점(준말 ER).

어웨이 (away) 아웃. one away는 원아웃.

어필 (appeal) 규칙 위반행위를 지적하여 심판에게 아웃이나 세이프 등의 시정을 주장하는 행위.

언더핸드 딜리버리 피치 (underhand delivery pitch) 팔을 아래서부터 위로 쳐올리면서 던지는 투구. 서브머린(submarine)이라고도 한다.

언더핸드 스로 (underhand throw) 팔을 아래서부터 위로 쳐올리면서 던지는 송구.

엄파이어 (umpire) 심판.

엄파이어 인 치프 (umpire in chief) 주심, 구심.

에러 (error) 야수의 실책. 미스라고도 함(약어 E).

에이스 (ace) 팀에서 가장 중요한 제1인자. 주로 투수를 가리킨다.

엑스트라 베이스 히트 (extra base hit) 장타(2, 3루타, 홈런).

엑스트라 인닝 게임 (extra inning game) 연장전.

오너 (owner) 프로 야구단의 구단주.

오드 볼 (odd-ball) 스크류볼의 별명.

오버 런 (over run) 주자가 베이스를 통과하여 달려가는 것.

오버 슬라이드 (over slide) 공격측 주자가 슬라이딩한 가속으로 인하여 루에서 떨어져 아웃이 될 수 있는 상태.

오버핸드 딜리버리 피치 (overhand delivery pitch) 위에서부터 아래로 던지는 투구.

오버핸드 스로 (overhand throw) 위로부터 아래로 던지는 송구(送球).

옵스트럭션 (obstruction) 주루방해.

오펜스 (offense) 공격 또는 공격중의 팀.

오피셜 스코어러 (official scorer) 공식 기록원.

올 라운드 플레이어 (all-round player) 공격, 수비, 주력이 모두 뛰어난 우수한 선수. 만능선수.

올 스타 게임 (all star game) 각팀에서 가장 우수한 선수들을 선발, 그 선수들만으로 거행하는 시합.

와인드 업 포지션 (wind up position) 2종의 정규 투구자세 중의 한 가지.

와일드 스로 (wild throw) 아주 좋지 못한 송구.

와일드 피처 (wild pitcher) 컨트롤이 잡히지 않아 투구가 난폭한 투수.

와일드 피치 (wild pitch) 폭투. 정규투구의 폭투.

완전경기 상대팀에게 무안타, 무사사구(無四死球), 무실책으로 영패시킨 경기. 퍼펙트 게임(perfect game)이라고도 한다.

우드 플레이어 (wood player) 타격은 뛰어나지만 수비는 서툰 선수를 일컫는 말.

워밍 업 (warming up) 준비 운동.

워크 (walk) 베이스 온 볼스(base on balls)와 같은 말.

원 다운 (one down) 공격측의 한 사람이 아웃되었을 때 쓰는 말. 원 아웃과 같다.

원 사이드 게임 (one side game) 일방적인 게임.

원 웨이 리드 (one way lead) 베이스로 되돌아가기 위해 체중을 베이스 가까운 쪽의 다리에 놓고 리드하는 것.

월드 시리즈 (world series) 미국의 아메리칸 리그와 내셔널 리그의 승자가 7전 4선승제로 벌이는 메이저 리그 챔피언전. 1903년부터 시작되었다.

웨이버 (waiver) 자유계약 선수. 구단의 귀속에서 벗어나 어느 팀과도 계약할 수 있는 선수.

웨이팅 서클 (waiting circle) 다음 타자가 칠 차례를 기다리는 장소.

웨이팅 시스템(waiting system) 공을 성급하게 치지 않고 잘 고르기 위하여 기다리는 전법

위닝 런 (winning run) 승부를 판가름하는 1점으로, 결승점이라고 한다.

위닝 볼 (winning ball) 승부가 끝났을 때 쓰는 공. 최후의 공을 포구한 선수가 기념으로 보관하는 공이다.

이레귤러 바운드 (irregular bound) 불규칙 바운드.

이리걸리 배티드 볼 (illegaly batted ball) 반칙타구, 부정타구.

이리걸리 피치 (illegaly pitch) 반칙투구.

이닝 (inning) 각 팀이 한 차례씩의 공격과 수비를 교대로 하는 게임의 한 구분. 한 회에 2이닝이다.

인닝 피치드 (inning pitched) 투구 회수.

인 더 홀 (in the hole) 투수 또는 타자의 볼카운트가 불리한 상태.

인 드롭 (in drop) 낙구(落球)의 한 가지로, 투수가 던진 공이 타자 쪽으로 휘어지며 떨어지는 공. 미국에서는 드롭이란 말을 쓰지 않고 모두 커브로 표현한다.

인디케이터 (indicator) 주심이 볼카운트를 하기 위해 사용하는 계수기.

인 사이드 베이스 볼 (inside base ball) 머리를 잘 써 눈에 보이지 않는 훌륭한 기술과 교묘한 플레이를 하는 야구.

인 사이드 위크 (in side work) 인 사이드 베이스 볼과 같은 뜻.

인사이드 (inside) 타자의 몸쪽.

인사이드 더 파크 홈 런 (inside the park homerun) 타자가 친 타구가 펜스를 넘지 않고 야수의 에러도 없이 홈까지 들어와 득점이 된 타구. 그라운드 홈런이라고도 한다. 흔히 말하는 러닝 홈런은 일본식.

인 슈트 (in shoot) 몸쪽으로 던지는 스크류볼(screw ball)을 말하는 일본식 영어 용어.

인 제퍼디 (in jeopardy) 볼 인플레이 때 공격측 선수가 아웃이 될 위험성이 있는 상태.

인 타이틀 베이스 (in title base) 베이스에 진루할 권리.

인터피어린스 (interference) 방해.

인필드 플라이 (in field fly) 노아웃 또는 원아웃에 주자가 1, 2루 또는 1, 2, 3루에 있을 때 타자가 친 내야 플라이. 직구, 라이너 또는 번트를 하려다가 플라이가 된 것은 제외되며, 내야수가 보통 수비행위를 취하면 충분히 포구할 수 있는 것을 말한다. 이때 타자는 심판의 선언에 의하여 아웃이 된다.

인 필드 히트 (in field hit) 내야 안타.

인플 라이트 (inflight) 타구, 송구, 투구가 지면이나 야수 이외의 것에 닿기 전에 떠 있을 때의 상태를 말한다.

임팩트 (impact) 공을 강타하는 것. 특히 배팅을 할 때 맞히는 지점에서 힘을 모아 가하는 동작.

자책점 (自責點) 투수가 책임을 져야 할 득점. 안타, 희생 번트, 희생 플라이, 도루, 야수선택, 사사구(四死球), 폭투, 보크 등이 모두 투수의 책임이기 때문에 득점이 되면 자책점이 된다.

잔루 (殘壘) 공격과 수비가 교체되었을 때 본루에 들어와 득점하지 못하고 베이스에 머물러 있는 것을 말한다.

저글 (juggle) 공을 잡기는 했으나 주저주저하는 야수의 수비동작을 가리킨다.

저지 (judge) 심판의 판정.

저스트 미트 (just meet) 타자가 배트를 힘껏 휘두르지 않고 배트를 공에 꼭 맞힌다는 점에 유념한다는 뜻.

적시안타 (適時安打) 주자가 루상에 있을 때 안타를 때려 그 주자를 홈에 불러들이는 안타.

정크 (junk) 커브볼, 포크볼, 슬라이더, 너클볼 등 떨어지는 변화구를 일컫는 말.

제구력 (制球力) 공을 마음대로 조절할 수 있는 투수의 능력. 컨트롤(control)과 같은 말.

제로 킹 (zero king) 완봉승이 많은 투수.

주전투수 팀에서 가장 뛰어난 투수를 가리킨다. 에이스라고도 한다.

지명타자 투수를 대신해서 타격을 하는 타자. 데지그네이티드 히터(designated hitter)라고도 한다.

징거 (zinger) 쾌속구.

차이니스 홈 런 (chinese homerun) 좁은 구장에서의 홈런. 동양 구장의 좁은 데에서 비롯된 말로, 중국은 동양을 대표하는 나라로 생각한 데서 나온 말.

체인즈 오브 페이스 (change of pace) 타자가 공을 치지 못하도록 하는 투구방법. 투구동작, 위치 또는 공의 속도를 바꾸어 투구하는 것이다. 체인지 업은 구속(球速)의 변화에만 해당된다.

최우수 선수 한 경기 또는 리그에서 가장 우수한 선수를 가리키는데, MVP(most valuable player)라고도 한다.

초크 (choke) 배트를 짧게 잡는 것.

친 뮤 직 (chin music) 빈볼(bean ball)을 유머스럽게 표현한 말.

캐처 (catcher) 홈플레이트에 위치하는 야수.

캐처스 박스 (catcher's box) 투수가 투구할 때 포수가 위치해야 할 장소.

캐치 (catch) 야수가 인플라이트(inflight)의 타구, 투구 또는 송구를 손 또는 글러브(glove)로 확실하게 잡는 행위.

캐치볼 (catch ball) 공을 받고 던지는 연습. 시합 전에 준비운동을 겸하여 실시한다.

캔버스 (canvas) 황마로 짠 두꺼운 천으로 만든 베이스.

캔 오브 콘 (can of corn) 잡기 쉬운 타구.

캡틴 (captain) 팀의 주장.

커미셔너 (commissioner) 프로 야구 최고 기관의 대표자.

커버 (cover) 수비자가 다른 베이스의 수비자가 없을 때 지켜주는 것으로, 백업(back-up)과는 뜻이 다르다. 2루수가 1루수로 들어갔을 때 2루수는 1루수를 커버하는 것이라고 한다.

커트 오프 플 레이 (cut off play) 중계 플레이.

컨텍트 히 터 (contact hitter) 장타보다는 단타를 위주로 하는 타자.

컴비네이션 (combination) 경기자 상호공동 동작 또는 투수가 던지는 공의 배합.

케네디 스코어 (kennedy score) 미국의 제35대 대통령인 존 에프 케네디가 야구는 8:7의 스코어가 가장 흥미있는 게임이라고 말한 데서 비롯된 일종의 은어.

코너 볼 (corner ball) 투수의 투구가 홈플레이트의 내각 또는 외각을 통하는 공.

코너 스톤 (corner stone) 포수를 말한다. 포수의 역할은 팀 전체의 초석(礎石)이 된다는 데서 나온 말.

코처스 라인 (coacher's line) 주자에게 코치하기 위하여 코처가 위치하는 지역. 코처스 박스(coacher's box)라고도 함.

콜드 게임 (called game) 5회 이상의 공격이 끝난 후 악천후, 분쟁 등으로 경기 속행이 어려워 주심이 경기를 중단하는 게임이다. 이 때까지의 득점으로 승패를 결정하게 된다.

콜 퍼 플라이 볼 (call for fly ball) 야수가 플라이 볼을 받겠다는 의사를 표시하는 큰 소리. 흔히 마이 볼(my ball)이라고 잘못 전해져 오고 있으나, 마인(mine) 또는 아이 갓 잇(I got it)이라고 외친다.

퀵 리턴 피치 (quik return pitch) 타자에게 타격 자세를 취할 틈을 주지 아니한 투구. 반칙투구이다.

크로더 라인 (clother line) 빨랫줄같이 낮고 곧게 뻗어 가는 라인 드라이브.

크로스 파이어 (crossfire) 투수의 투구가 홈플레이트를 횡으로 긋는 투구. 주로 사이드 암, 언더 핸드 투수들의 투구.

클러치 히터 (clutch hitter) 찬스를 얻었을 때 정확히 안타를 때릴 수 있는 타자. 위기에 강한 타자.

클로즈 게임 (close game) 실력이 백중하여 승부를 예견하기 아주 어려운 시합.

클린업 맨 (clean-up man) 4번 타자.

클린업 트리오 (clean-up trio) 3명의 강타자로 3, 4, 5번 타자를 말한다.

키스톤 (keystone) 2루를 가리킨다. 홈에서 2루를 보면 아치의 꼭대기에 놓은 날카로운 돌과 같이 보이므로 이렇게 부른다.

키스톤 콤비네이션 (keystone combination) 키스톤 플레이와 같은 말로, 2루수와 유격수 간의 협동수비.

타석수 (打席數) 타자가 타격을 하기 위해 배터스 박스에 들어간 회수.

타수 (打數) 타격을 완료한 횟수. 타석수에서 희생 번트, 희생 플라이, 사사구(四死球), 주루방해 등은 뺀다.

타율 안타 ÷ 타수를 계산하여 나온 수치로, 타격성적을 나타낸다.

타이 게임 (tie game) 구심에 의하여 종료를 명령받은 정식게임으로서, 양팀의 득점이 동점인 것.

타임 (time) 플레이 중지 상태. 정규 플레이를 정지시키려고 하기 위한 심판의 선고로 볼 데드가 된다.

타임리 히트 (timely hit) 찬스 또는 아주 적절할 때 나오는 안타. 적시안타.

태크 (tag) 야수가 손 또는 글러브에 공을 쥐고 그 신체를 루에 대거나 주자에게 대는 행위.

태그 아웃 (tag out) 태그하여 주자를 아웃시키는 것.

터치 (touch) 선수 또는 심판의 신체나 입은 옷, 용구 등에 닿는 것.

텍사스 리거즈 히트 (texas leaguer's hit) 힘없거나 빗맞은 타구가 외야와 내야 사이에 떨어져 안타가 되는 것. 텍사스 히트는 정확한 표현이 아니다.

토스 (toss) 다른 야수에게 가볍게 던져주는 것. 주로 내야에서 사용하는 것으로 짧은 거리에서 사용한다.

토스 배팅 (toss batting) 가까운 거리의 수비자가 던져주는 공을 배트에 가볍게 맞히는 타격 연습 방법.

투 베이스 히트 (two base hit) 2루타.

트레이닝 캠프 (training camp) 연습을 하기 위해 설치한 훈련소.

트레이드 (trade) 프로팀 간의 선수나 감독, 코치 등의 이적(移籍)을 말하는 것. 선수간의 교환이나 금전을 덧붙인 선수 교환으로 시즌 중에도 할 수 있다.

트리플 스틸 (triple steal) 3주자가 한꺼번에 도루하는 것을 말한다.

트리플 크라운 (triple crown) 삼관왕(三冠王). 타율, 타점, 홈런 부분의 1위를 말한다.

트리플 플레이 (triple play) 삼중살(三重殺). 연속된 동작으로 3명의 공격선수를 아웃시키는 것.

팀 워크 (team work) 팀의 협동·융화 등 전체적인 조화.

파울 라인 (foul line) 홈플레이트와 1, 3루 사이를 연장한 선.

파울 팁 (foul tip) 타자가 친 공이 날카롭게 배트를 스치고 포수의 미트 속으로 들어가서 정규로 포구된 것을 말한다. 포구하지 못한 것은 파울 팁이 되지 않는다.

파울 플라이 (foul fly) 타구가 파울 그라운드 위에 뜬 공.

파이어 맨(fire man) 소방수의 뜻으로, 구원투수를 말한다.

파이어 볼 (fire ball) 쾌속구. 쾌속구 투수는 파이어 볼러 (fire baller)라 한다.

파인 플레이 (fine play) 경기자가 보인 훌륭하고 우수한 플레이.

팜 볼 (palm ball) 손바닥에 공을 닿게 하여 밀어내듯이 던지는 것으로, 공의 회전이 적다.

팜 팀 (farm team) 미국 메이저 리그 소속 팀들이 선수 공급원으로 활용을 위하여 주종(主從)관계를 맺고 있는 마이너 리그에 소속된 팀.

팝 플라이 (pop fly) 내야 또는 내야에 높게 뜬 플라이.

패스 볼 혹은 패스트 볼 (pass ball or passed ball) 공을 잡지 못하고 완전히 뒤로 빠뜨리는 것.

패스트 볼 (fast ball) 속구(速球).

패전투수 (敗戰投手, losing pitcher) 소속 팀이 패한 데 대한 책임을 지는 투수.

팬 (fan) fanatic의 단축형으로 열광자를 뜻하는 말. 야구 속어로 스트라이크 아웃도 팬이라고 한다.

퍼스트 미트 (first mit) 1루수용의 미트.

퍼스트 베이스 (first base) 1루.

포 피티드 게임 (forfeited game) 몰수 게임. 규칙위반으로 구심이 게임 종료를 선언하고 과실이 없는 팀에게 9 : 0으로 승리가 부여되는 게임.

퍼펙트 게임 (perfect game) 완전시합. 즉 안타, 사사구(四死球), 실책 등이 없이 투수와 야수들의 완전무결한 수비로 상대팀에게 한 베이스도 진루를 허용하지 않고 영패를 시킨 시합. 투수에게 최고 영예의 기록이다.

펌블 (fumble) 수비하는 야수가 땅볼이나 바운드한 공을 잡았다 놓치는 것.

펌프 와인드 업 (pump wind-up) 투수가 투구할 때 상하운동을 하며 와인드업하는 것. 스피드는 붙어날지 모르나 컨트롤은 노 펌프 와인드업(no pump wind-up)보다 못하다.

페넌트 (pennant) 원래는 소기(小旗)나 우승기의 뜻. 선수권의 의미로도 사용.

페넌트 레이스 (pennant race) 각 팀이 우승을 목표로 승패를 다투는 것으로, 장기 리그전을 의미한다.

페어 볼 (fair ball) 페어지역에 떨어진 타구.

페이드 어웨이 (fade away) 스크류볼을 초기에 이렇게 불렀다.

페이스 메이커 (pace maker) 리그의 수위를 달리는 팀.

페어 테리터리 (fair territory) 홈플레이트로부터 1루 및 3루를 지나 경기장 펜스의 하단까지 그은 직선과 그 선에 수직이 되는 상부 공간과의 안쪽 부분을 말함. 각 파울 라인은 페어지역이다.

페어 플라이 (fair fly) 페어지역 안의 플라이.

페퍼 게임 (pepper game) 토스 배팅과 같은 뜻.

포스드 런 (forced run) 베이스에 있는 주자가 그 베이스에 다른 주자가 달려오기 때문에 다음 베이스로 가지 않으면 안 되는 경우.

포스 플레이 (force play) 타자가 주자로 되어 기존 주자가 루의 점유권을 상실한 것이 원인이 되어 생기는 플레이. 이때 아웃되는 것을 포스 아웃(forced out)이라고 한다.

포크 볼 (fork ball) 검지와 중지 사이에 공을 포크 모양으로 끼워 던지는 변화구.

푸시 번트 (push bunt) 타자가 배트를 휘두르지 않고 밀어 굴리는 번트. 오른손잡이는 1루로, 왼손잡이는 3루로 밀어 붙인다.

풀 베이스 (full base) 만루.

풀 히터 (pull hitter) 끌어당겨서 치는 타자를 말한다.

프랜차이즈 (franchise) 야구단의 본거지.

프로텍터 (protector) 포수와 구심이 경기중 가슴을 보호하기 위해 사용하는 보호장비.

프리 배팅 (free batting) 타자에게 치기 쉬운 공을 던져주어 마음대로 배트를 휘두를 수 있게 하는 타격연습.

플레이 오프 (play off) 우승 결정전.

피봇 맨(pivot man) 더블 플레이를 할 때 축이 되는 선수.

피처 (pitcher) 투수(投手).

피처스 피봇 푸트 (pitcher's pivot foot) 투수가 투구할 때 투수판에 대고 있는 발을 말한다.

피처 인 더 홀 (pitcher in the hole) 투수의 카운트가 불리할 때.

피치 (pitch) 투수가 던지는 투구(投球). 야수가 던지는 것은 스로(throw)로 송구(送球)이다.

피치 아웃 (pitch out) 주자가 도루할 것을 예상하고 타자가 치지 못하게 투수가 공을 빗나가게 던지는 것.

피칭 머신 (pitching machine) 자동 투구기.

피칭 스태프 (pitching staff) 투수진.

피칭 에이스 (pitching ace) 주전투수.

픽 오프 플레이 (pick off play) 하나 하나 겨누어 최선을 다하는 플레이.

핀치 러너 (pinch runner) 대주자(代走者).

핀치 히터 (pinch hitter) 대타자(大打者). 어떤 타자 대신에 타석에 나서는 타자를 말한다.

필더 (fielder) 수비측의 선수를 말함.

필더스 쵸이스 (fielder's choice, 야수 선택(野手選擇)) 야수가 1루에 송구하여 타자주자를 아웃시키지 않고 다른 루에 송구하여 주자를 모두 세이프시켜 주는 행위. 타자의 기록은 타수에만 포함되며 안타는 아니다.

필드 엄파이어 (field umpire) 루심.

필딩 (fielding) 수비(守備). 필딩 에버리지(fielding average)는 수비율.

하프 스윙 (half swing) 타격을 할 때 배트를 반쯤 휘두르는 것으로, 타자의 손목이 꺾이면 스트라이크가 선언된다.

하프 웨이 (half way) 플라이볼의 타구가 나왔을 때 다음 베이스로 가기 위하여 베이스와 베이스 사이의 중간 정도 앞으로 나가 있는 상태.

핫 코너 (hot corner) 3루를 말하는 것으로, 강한 타구가 많이 가기 때문에 붙여졌다.

핫 볼 (hot ball) 강하게 맞은 타구.

해비 배터 (heavy batter) 강타자.

해트 트릭 (hat trick) 한 경기에서 연속 3개의 홈런을 날리는 것.

허슬 (hustle) 맹렬하고 정열적으로 움직이는 것으로, 프로야구의 진수는 여기에 있다.

헐러 (hurler) 던지는 사람의 뜻으로, 투수를 가리킨다.

헤드 퍼스트 슬라이딩 (head first sliding) 머리가 먼저 베이스를 향하여 미끄러져 들어가는 슬라이딩 방법.

홈 런 (homerun) 타자 자력(自力)으로 홈까지 들어올수 있는 타구.

홈 런 더비 (homerun derby) 홈런 경쟁.

홈 런 킹 (homerun king) 홈런 왕.

홈 인 (home in) 타자가 주자로 되어 각 베이스를 돌아 홈에 들어오는 일로, 1득점이 된다. 정확한 표현은 런인(run in)이다.

홈 스틸 (home steal) 3루 주자가 수비측의 헛점을 노려 홈으로 들어오는 것.

홈 팀 (home team) 자기 구장에서 게임을 할 경우 상대방에 대한 자기 팀을 가리키는 말.

홈 플 레이트 (home plate) 홈에 있는 5각의 고무판.

홉 (hop) 땅볼이 바운드하는 것.

홉 플 라이 (hop fly) 배트에 공이 잘못 맞아서 공이 튀어오르는 것.

히트 (hit) 안타.

히트 앤드 런 (hit and run) 타자는 반드시 때리고, 주자는 투수의 투구 동작과 함께 스타트하는 공격법. 원래는 발이 빠른 주자를 루상에 놓고 평범한 타자가 나간 경우 더블 플레이를 당하지 않게 하기 위해 고안된 것이다. 런 앤드 히트(run and hit)와는 다르다.

힐 (heel) 악역적인 스타 선수. 미국에서는 캘리포니아 에인절스 팀의 레지 잭슨 같은 선수가 그 예이다.

야구용어 약어표

Abbreviation	Korean	English
A	보살(補殺)	Assists
AB	타수(打數)	Times at bat
BAve	타율	Batting average
BB	사구(四球)	Bases on balls
GA	무사구시합(無四球試合)	Games with no bases on balls
GAve	승패율	W/L games average
GF	경기종료	Game finish
GP	등판수시합(登板數試合)	Games pitched
GS	경기개시	Games started
H	안타	Hits
HTP	피안타(被安打)	Hits permitted
HP	사구(死球)	Hit by pitched ball
I	출장회수	Innings played
IB	고의사구(故意死球)	Intentional bases on balls
BF	타자수(打者數)	Batters faced
BK	보크	Balk
C	완투(完投)	Completed games
CS	도루자(盜壘刺)	Caught stealing
D	차(差)	Difference
DB	병살타	Double play batting
DP	병살	Double plays
DH	지명타자	Designated hitter
E	실책	Errors
EI	연장회수	Extra inning
ER	자책점	Earned runs
ERAve	방어율	Earned runs average
FAve	수비율	Fielding average

FP	교대완료	Finishing pitcher
FC	야수선택	Fielder's choice
#-0	방해	Interference or obstruction
IP	투구회수	Innings pitched
K	탈삼진(奪三振)	Number of strike-outs
L	패전투수	Losing pitcher
LOB	잔루(殘壘)	Left on bases
MVP	최우수선수	Most Valuable Player
PAB	타석수(打席數)	Plate appearances at bat
PB	포일(捕逸)	Passed ball
PDP	병살참가(併殺參加)	Participation in double play
PH	대타(代打)	Pinch hitter
PO	자살(刺殺)	Put-Outs
POS	수비위치	Fielding position
PS	완봉시합	Participation in shut outs
PTP	삼중살(三重殺)	Participation in triple play

R	득점	Runs
RPI	득점타	Runs batted in
RP	실점	Runs permitted
RPT	구원투수	Relief pitcher
S	세이브	Saved games
SB	도루	Stolen bases
SH	희생타	Sacrifice hits
SLG	장타율	Percentage of slugging
SP	삼진(三振)	Strike-outs
SOG	완봉(完封)	Shut outs game
SP	선발투수	Starting pitcher
SR	대주자(代走者)	Substitute runner
TB	총루타수(總壘打數)	Total bases on hits
TR	삼중살(三重殺)	Triple play
TO	총수비율	Po + A + E
W	승리투수	Winning pitcher
WP	폭투(暴投)	Wild pitches
2B	2루타	Doubles
3B	3루타	Triples

볼	⋯⋯	2	2	3	3	3
스트라이크	⋯⋯	0	1	0	1	2

볼	⋯⋯	2	1	1	1	0	0
스트라이크	⋯⋯	2	2	1	0	2	1

권 사
판 유
본 소

야구 재미있게 보는 법

2011년 1월 5일 1판 6쇄 발행

엮은이 : 김 설 향
발행인 : 김 중 영
발행처 : 오성출판사

서울시 영등포구 영등포 6가 147-7
TEL : (02) 2635-5667~8
FAX: (02) 835-5550

출판등록 : 1973년 3월 2일 제13-27호

ISBN 978-89-7336-724-5
www.osungbook.com

값 8,000원